엮은이 신우영
그린이 성정목, 신재환

펴낸날 2005년 9월 10일 초판 1쇄 발행
2009년 9월 10일 초판 13쇄 발행
펴낸곳 ㈜재능아카데미
펴낸이 김봉재
찍은곳 ㈜재능인쇄

책임편집 황지성
편집 박양진, 장홍현, 이태원, 이성민, 박종현, 이현주, 신수미
디자인 이선영, 이은경

주소 서울 특별시 중구 을지로1가 192-11
전화 02-744-0031
팩시밀리 02-3670-0340
등록일 1992년 12월 10일 (제16-623호)

Copyright ⓒ 2005 by JEI Academy Co., Ltd.

이 책의 저작권은 ㈜재능아카데미에 있습니다. 저작권법에 의해
한국 내에서 보호를 받는 저작물이므로 무단전재나 복제를 금합니다.

ISBN 978-89-7649-200-5 77400

* 책값은 뒤표지에 있습니다.
* 잘못된 책은 바꾸어 드립니다.

교과서보다 엄청 똑똑한 과학 이야기

JEI 재능아카데미

차례

 에너지

- 우리 나라에서 가장 빠른 열차는? ·8·
- 높은 곳에서 떨어지는 구슬에 맞으면? ·10·
- 달리는 지하철에서 제자리 뛰기를 하면? ·12·
- 빨대로 음료수를 먹을 수 있는 이유는? ·14·
- 지열 발전소란? ·16·
- 전자레인지는 어떻게 음식을 데울까? ·18·
- 사용하지도 않은 전지가 왜 저절로 소모될까? ·20·
- 우리 주변의 에너지는? ·22·
- 비둘기는 어떻게 집을 찾을까? ·24·

- 자기부상열차는 어떻게 바퀴 없이 달릴까? ·26·
- TV 위에 시계를 놓아 두면 왜 고장이 날까? ·28·
- 배는 어떻게 물 위에 떠 있을까? ·30·
- 물고기는 어떻게 물 속에서 뜨고 가라앉을까? ·32·
- 구명 조끼를 입으면 왜 물에 뜰까? ·34·
- 젖빛 유리는 왜 밖이 잘 안 보일까? ·36·
- 지레의 원리를 처음으로 증명한 사람은? ·38·
- 밤에 소리가 더 크게 들리는 이유는? ·40·
  재미가 솔솔~ 과학이 팡팡! ·42·
  한 박자 쉬고! ·44·

 물질

- 물에 녹은 설탕은 어디에 있을까? ·46·
- 가루 물질을 더 많이 녹이려면? ·48·
- 약을 콜라와 함께 먹어도 될까? ·50·
- 잠수함은 어떻게 물 속으로 가라앉을까? ·52·
- 눈의 결정 모양은 왜 육각형일까? ·54·
- 오래 된 달걀을 어떻게 알아 낼 수 있을까? ·56·
- 수증기는 어떻게 변할까? ·58·
- 아기 기저귀를 깨끗하게 헹구려면? ·60·
- 산성비는 왜 내릴까? ·62·
- 비누로 머리를 감으면? ·64·

- 속이 쓰릴 때 먹는 약은 어떤 작용을 할까? ·66·
- 산성비의 피해를 줄일 수 있는 방법은? ·68·
- 방귀가 불에 탈까? ·70·
- 천둥 소리는 왜 나는 걸까? ·72·
- 산소는 어떻게 생겨났을까? ·74·
- 과자 봉지가 부풀어 있는 까닭은? ·76·
- 사과 껍질을 깎아 놓으면 색깔이 왜 변할까? ·78·
- 왜 겨울에는 화재가 많이 날까? ·80·
- 불이 나면 어떻게 해야 할까? ·82·
- 화장지를 태우면 하얀 재가 남는 까닭은? ·84·
- 뜨거운 난로 위에 떨어진 물은 왜 둥글까? ·86·

　재미가 솔솔~ 과학이 팡팡! ·88·
　한 박자 쉬고! ·90·

생명

- 식물은 우리에게 어떤 이로움을 줄까? ·92·
- 숲이 사라지면 어떻게 될까? ·94·
- 너무 맑은 물에서는 물고기가 살기 어려울까? ·96·
- 나무의 나이는 어떻게 알 수 있을까? ·98·
- 봄과 가을에 피는 꽃은 왜 다를까? ·100·
- 박쥐는 왜 새가 아닐까? ·102·
- 동물은 왜 충치가 생기지 않을까? ·104·
- 심하게 운동한 다음 날 다리가 아픈 까닭은? ·106·
- 배에서 '꼬르륵' 소리는 왜 날까? ·108·
- 아침과 저녁에 키가 달라지는 이유는? ·110·
- 오줌을 누고 나면 왜 몸이 떨릴까? ·112·
- 멍이 드는 이유는? ·114·

　재미가 솔솔~ 과학이 팡팡! ·116·
　한 박자 쉬고! ·118·

지구

- 기압을 처음으로 발견한 사람은? ·120·
- 아침 무지개는 비가 오고 저녁 무지개는 맑다? ·122·
- 고기압! 저기압! ·124·
- 왜 아침 안개가 낀 날은 날씨가 맑을까? ·126·
- 폼페이는 왜 사라졌을까? ·128·
- 화산 주변에는 어떤 지형이 생길까? ·130·
- 암석을 채집하려면? ·132·
- 태양도 자전할까? ·134·
- 태양계 행성의 이름은 어떻게 붙였을까? ·136·
- 인공위성은 왜 떨어지지 않을까? ·138·

- 메기는 지진이 일어날 것을 어떻게 미리 알까? ·140·
- 석탄도 암석일까? ·142·
- 일기예보는 우리 생활에 어떻게 이용될까? ·144·
- 땅 속 쓰레기가 썩는 데 걸리는 시간은? ·146·
- 쓰레기를 줄이는 방법은? ·148·
- 왜 해가 진 후에도 얼마 동안 하늘이 환할까? ·150·
- 왜 겨울에는 춥고, 여름에는 더울까? ·152·
- 1기압의 무게는 얼마나 될까? ·154·
- 에스키모의 얼음집은 춥지 않을까? ·156·
  재미가 솔솔~ 과학이 팡팡! ·158·
  한 박자 쉬고! ·160·

에너지

우리 나라에서 가장 빠른 열차는?

얼마 전까지 우리 나라에서 가장 빠른 열차는 새마을호였습니다.
그런데 새마을호보다 더 빠른 열차가 나왔다는데…….

속력과 속도는 어떻게 다른가요?

자동차가 달릴 때 속력을 나타내는 속력계를 본 적이 있나요? 자동차가 달릴 때 속력계의 눈금이 수시로 변하는 것은 자동차가 달리는 동안 매순간마다 속력이 달라지기 때문입니다. 우리는 이것을 순간 속력이라고 해요.
한편 자동차가 같은 속력으로 달리더라도 동쪽으로 달리는 경우와 서쪽으로 달리는 경우는 그 도착하는 위치가 전혀 다르지요. 그 때문에 물체의 운동 상태를 나타낼 때에는 속력과 운동 방향을 함께 나타냅니다. 이처럼 속력과 운동 방향을 함께 나타낸 것을 속도라고 해요.

KTX가 조용한 이유는 어디에?

기차를 탔을 때 덜커덕덜커덕하는 시끄러운 소리를 들어보았을 거예요. 그것은 레일의 이음 부분을 지나갈 때 나는 소리랍니다. 만일 빠르게 달린다면 그 소리는 더욱 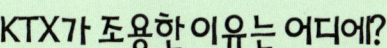 자주 들리고 그만큼 더 시끄럽겠지요. 그런데 일반 기차보다 훨씬 빠른 KTX의 경우, 그런 소음은 물론 흔들림도 훨씬 적습니다. 그 이유는 고속철도의 레일은 특수한 용접 기술을 사용한 긴 장대 레일이기 때문이지요.

한국 고속 철도
(http://ktx.korail.go.kr)

한국 고속 철도의 개요, 연혁, 차량 구성, 승무원, 편의 시설, 해외 고속 철도 정보 등 KTX에 관한 전반적인 특징을 알 수 있는 곳입니다. 그리고 KTX를 이용하는 방법에 대해서도 자세하게 설명되어 있지요.

레일 : 기차나 지하철을 안전하게 받쳐 주고 바퀴가 잘 움직일 수 있도록 만든 막대 모양의 가늘고 긴 강철재를 말합니다.

장대 레일 : 기존의 레일을 몇 개씩 붙이고 그 이음새를 매끈하게 갈아서 만든 레일로 흔들거림이 적어요.

 에너지

높은 곳에서 떨어지는 구슬에 맞으면?

머리 바로 위에서 떨어지는 작은 구슬에 맞았을 때는 큰 충격이 없습니다.
그럼 63빌딩 같은 높은 곳에서 떨어지는 작은 구슬에 맞으면 어떻게 될까요?

이동 거리에 따라 달라지는 힘

높은 곳에서 물건이 떨어지는 것을 다른 말로는 낙하라고 하죠. 물건이 낙하를 할 때에 속력은 계속 변한답니다. 왜냐 하면 떨어지는 방향으로 중력이라는 힘이 계속해서 작용하기 때문이에요.

속력은 물체가 운동하는 방향으로 힘이 작용하면 빨라지고, 물체가 운동하는 반대 방향으로 작용하면 느려지죠. 높은 곳에서 아래로 떨어지는 물체는 물체의 운동 방향과 중력이 작용하는 방향이 같기 때문에 속력이 더욱 빨라지게 되는데, 이것을 바로 가속도라고 한답니다. 일반적으로 속력은 같은 시간 동안 이동 거리가 길 때, 더 빨라지게 됩니다. 속력이 빠르다는 것은 그만큼 힘도 세지게 된다는 걸 의미하지요. 그래서 가까운 거리에서 던진 구슬의 힘은 보잘것 없지만 할아버지의 말씀대로 구슬을 63빌딩에서 떨어뜨린다면 구슬이 이동한 거리만큼의 속력이 증가하여 원래 구슬이 가지고 있던 힘보다 더 큰 힘을 갖게 되어 매우 위험할 수 있는 거랍니다.

갈릴레이 (Galilei, Galileo 1564~1642)

갈릴레이는 이탈리아의 철학자이자 과학자로, 두 가지 일로 유명합니다. 하나는 피사의 사탑에서 한 낙하 실험이고, 다른 하나는 종교 재판이에요.
피사의 사탑 이야기는 후세 사람들이 지어낸 이야기라는 말도 많은데요. 실제로는 피사의 사탑에서 물체를 떨어뜨린 것이 아니고, 경사진 땅에서 무게가 각기 다른 납공을 굴리는 실험을 하였다고 합니다. 여기에서 물체가 일정한 속도로 증가된다는 것을 알아 냈는데, 이것이 바로 가속도였지요.
그리고 또 다른 유명한 사건은 지구가 돌고 있다고 지동설을 주장한 탓에 종교 재판까지 받게 되었던 일이지요.

중력 : 지표 부근에 있는 물체를 지구의 중심 방향으로 끌어당기는 힘을 말합니다.

 에너지

달리는 지하철 안에서 제자리 뛰기를 하면?

달리는 지하철 안에서는 위로 폴짝 뛰어올랐다 내려와도 다시 그 자리로 떨어집니다.
지하철은 계속 앞으로 달리고 있는데 왜 그런 걸까요?

관성의 법칙이 대체 무엇이지요?

일정한 속력으로 운동하고 있는 물체는 언제나 같은 속력으로 운동을 계속 하려고 하며, 멈추어 있는 물체는 멈춘 상태를 계속 유지하려고 하는 습성이 있지요. 이를 바로 관성의 법칙이라고 한답니다.

한 예로, 버스가 갑자기 앞으로 출발할 때 버스 안에 있는 사람들의 몸이 뒤로 넘어지려고 하는 것을 들 수 있어요. 발은 버스와 같은 속력으로 움직이기 시작하는데 몸은 멈추어 있던 상태로 있으려고 하니까 몸이 뒤로 넘어지려고 하는 것이죠. 또 버스가 갑자기 멈추면, 반대로 몸이 앞으로 넘어지려 하는 것도 발은 버스와 함께 멈추었는데, 상체는 버스가 달리고 있던 상태로 계속 운동을 하려고 하기 때문이랍니다.

지하철이 달리는 속력으로 나도 달린다고요?

간단히 말해 버스나 지하철 모두 그 안의 물체들은 전부 같은 속력으로 움직인다고 생각하면 됩니다. 지하철이 시속 60km의 속력으로 달리고 있다면 그 안에 타고 있는 우리들도 시속 60km의 속력으로 달리고 있는 것과 같아요.

즉 관성의 법칙에 따라 달리는 지하철에서는 우리도 지하철과 함께 달리고 있는 것과 같기 때문에 폴짝 뛰더라도 그 자리에 떨어지는 것이죠.

수학과 과학의 체계를 완성시킨 대학자 뉴턴(Newton, Isaac 1642~1727)

잉글랜드에서 태어난 뉴턴은 어린 시절을 불우하게 보냈대요. 그러다 1661년 케임브리지 대학의 트리니티 칼리지에 입학하고 그 때부터 과학에 관한 다양한 지식과 생각을 접하게 되었다고 해요. 특히 뉴턴은 중력 문제에 대해서 큰 관심을 가져, 오랫동안 정리되지 못한 채로 있었던 '만유 인력의 법칙'을 수학적으로 공식화하는 큰 업적을 세웠지요.
또한 수학의 미적분학을 만들었고, 관성의 법칙을 포함한 운동의 세 가지 법칙을 완성했어요. 그리고 세계 최초로 반사 망원경을 직접 제작하기도 하였답니다.
그야말로 뉴턴은 근대 수학과 자연 과학의 체계를 완성시킨 위대한 학자라 할 수 있지요.

> **용어 쏙 과학 쏙**
> 관성 : 물체가 현재의 운동 상태를 지속하려는 성질을 말합니다.

빨대로 음료수를 마실 수 있는 이유는?

음료수를 마실 때 빨대로 빨면 음료수가 빨대를 타고 올라옵니다.
음료수가 올라오는 것은 어떤 원리일까요?

지표면을 누르는 공기의 힘, 대기압

우리가 살고 있는 곳의 공기는 무게가 없는 것처럼 느껴지지요? 하지만 실제로 공기는 무게를 갖고 있고, 공기의 무게는 바로 우리가 살고 있는 지면(땅)에 가하는 힘이 됩니다. 우리는 이러한 힘을 대기압이라고 부르죠.

땅에서 하늘로 높이 올라갈수록 대기압은 점점 작아지죠. 대기압이 점점 작아지면 매우 위험한 상황이 벌어진답니다. 예를 들어 풍선을 공중에 띄웠을 때 하늘 높이 올라갈수록 풍선 주위의 대기압은 점점 작아집니다. 그러면 풍선은 부풀어 오르다가 결국에는 터져 버립니다.

우리가 빨대로 음료수를 마실 수 있는 것도 바로 기압 차이 때문이에요. 빨대를 빨면 빨대 속의 공기가 없어지면서 음료수 위에 있는 공기가 빨대 속의 공기보다 힘이 세지게 되고 음료수의 수면을 누르게 됩니다. 이러한 힘, 즉 기압의 차이에 의해서 음료수가 빨대 속으로 밀려 올라가게 되는 거랍니다.

대기압이 변화할 땐 어떤 일들이 생길까?

높은 산에 올라갈 때, 귀가 멍멍해지지요. 이것은 바로 지면에서 높이 올라갈수록 대기압이 낮아져서 몸 안과 밖의 기압 차가 생기기 때문입니다.

또 기차가 터널에 들어가는 순간에도 공기가 압축되어 몸 속의 압력보다 몸 밖의 압력이 높아져서 귀가 멍해지죠. 풍선이나 애드벌룬이 하늘 높이 올라가 터져 버리는 것도 풍선 안과 밖의 기압 차이 때문입니다.

용어 🌟 과학 🌟

압력 : 물체가 다른 물체를 누르는 힘, 즉 두 물체의 만나는 면이나 한 물체 안의 두 부분이 서로 수직으로 밀치는 힘을 말합니다.
압축 : 눌러서 오그라뜨리는 것을 말합니다.

지열 발전소란?

땅 속 마그마의 열을 이용해서 전기를 얻는 곳을 지열 발전소라고 합니다.
이 지열 발전소에서는 어떻게 전기를 얻을까요?

대체 에너지를 찾아라!

대체 에너지란 쉽게 말해서 석유를 대신할 수 있는 에너지를 말한답니다. 즉 태양 에너지, 풍력 에너지, 수력 에너지, 연료 전지, 지열, 수소 등과 같은 것이지요.

우리 나라는 미래에 사용될 대체 에너지로 석유, 석탄, 원자력, 천연 가스가 아닌 11개의 에너지 분야를 정하여, 대체 에너지를 만들기 위해 연구하고 있습니다.

우리 나라에서 정한 11개의 미래에 사용될 대체 에너지는 태양열, 태양광 발전, 바이오매스, 풍력, 소수력, 지열, 해양 에너지, 폐기물 에너지의 재생 에너지 8개 분야와 연료 전지, 석탄 액화·가스화, 수소 에너지의 신생 에너지 3개 분야입니다.

현재 선진국에서 활발한 기술 개발로 사용 가능한 단계에 있는 대체 에너지로는 태양 에너지와 풍력 에너지가 대부분이고, 바이오매스, 지열, 조력 등을 이용한 대체 에너지 개발은 활발하게 진행되고 있습니다.

최근 10년 동안 우리 나라의 에너지 소비는 매년 10% 증가라는 세계 최고의 증가율을 보였고, 그래서 그 어느 때보다도 대체 에너지 개발이 더욱 필요한 상황이랍니다.

한국 에너지 기술 연구원(http://www.kier.re.kr)

한국 에너지 기술 연구원 홈페이지의 에너지 상식 코너에서는 에너지 관련 각종 통계 자료 및 연구 자료를 찾아볼 수 있습니다.
또한 대체 에너지의 종류 및 장점과 단점에 대한 자료를 볼 수도 있습니다.

> **용어쪽 과학쪽**
>
> **바이오매스** : 나무나 풀, 가축 분뇨, 음식물 쓰레기 등이 에너지 원으로 쓰이는 것입니다. 물과 온도 조건만 맞으면 지구상의 어느 곳에서나 얻을 수 있는 재생 에너지입니다.
>
> **소수력** : 소규모 수력 발전을 의미하는 것으로, 우리 나라에서는 보통 3,000kW 미만을 소수력 발전이라 부릅니다.

전자레인지는 어떻게 음식을 데울까?

단추만 누르면 음식을 데워 주는 전자레인지,
과연 어떤 원리가 숨어 있을까요?

에너지가 모습을 바꾼다고?

에너지가 여러 가지 모습을 갖고 있다는 사실을 알고 있나요? 운동 에너지가 열에너지로 바뀌기도 하고, 태양 에너지를 전기 에너지로 바꾸어 쓰기도 합니다.

그런데 에너지의 모습을 바꾸는 데는 적당한 장치가 필요합니다. 예를 들어 음식을 간편하게 데우려고 할 때에 사용하는 전자레인지를 볼까요? 전자레인지는 마이크로파라는 전자기파가 음식 속 알갱이들을 움직여서 운동 에너지로 바꾸고, 그 운동 에너지를 다시 열에너지로 바꾸어 음식을 데우는 것입니다.

돌고 도는 태양 에너지

태양 빛의 복사 에너지는 땅의 식물이 자라게 하고, 사람은 그 식물을 먹고 움직이는 데 필요한 에너지를 얻지요. 그리고 사람은 그렇게 얻은 에너지를 이용하여 다시 에너지원이 되는 식물을 재배하고, 동물을 기르는 등의 일을 한답니다. 혹은 다른 에너지 자원을 가공하여 사용함으로써 더 많은 일을 하기도 합니다.

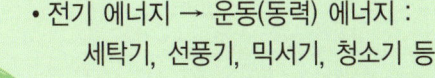

에너지 변환을 이용한 여러 가지 가전 제품들

- 전기 에너지 → 빛에너지 : 전구, 스탠드, 컴퓨터 모니터, 텔레비전 등.
- 전기 에너지 → 소리 에너지 : 라디오, 텔레비전, 전자 기타, 전자 피아노 등.
- 전기 에너지 → 열에너지 : 토스터기, 전기 드라이어, 전기 밥솥, 전기 주전자, 전기 히터, 다리미, 전기 장판 등.
- 전기 에너지 → 운동(동력) 에너지 : 세탁기, 선풍기, 믹서기, 청소기 등.

복사 에너지 : 물체로부터 나와서 일정한 빠르기를 가지고 파동의 형태로 공간에서 퍼져 가는 에너지. 즉, 태양 복사 에너지는 태양에서 나와 일정한 속도의 파동으로 지구와 같은 곳에 이르는 에너지를 말합니다.

사용하지도 않은 전지가 왜 저절로 소모될까?

전지를 사서 한 번도 쓰지 않았는데 전지가 모두 소모된 경우가 있습니다.
무슨 이유일까요?

방전을 이용한 건전지

우리가 사용하는 건전지는 한 번 사용하고 버리는 일반 건전지와 충전해서 다시 사용하는 충전 건전지 두 가지 종류가 있어요. 이 두 가지는 모두 화학 반응을 일으켜 전류가 흐르도록 만들어졌답니다. 전지의 양쪽 극을 연결하여 회로를 만들면 전지의 (−)극에 있는 물질이 화학 반응을 일으키면서 전자를 밖으로 내보냅니다. 전지 밖으로 나온 전자는 회로를 따라 흘러 전지의 (+)극으로 가게 되는데, 이렇게 전자가 움직이는 것을 전류가 흐른다고 하고, 이것은 바로 방전이 되는 것과 같은 거죠.

충전이 가능하도록 만들어진 전지 역시 화학 반응을 이용한다는 점은 일반 전지의 원리와 같답니다. 그러나 충전지는 다 쓴 다음, 충전지에 반대 방향의 전류를 흐르게 하면 전류를 만들어 낼 때 일어났던 반대 반응이 일어나 전지의 내용물을 원래의 상태로 되돌려 놓게 되는 거죠. 충전지가 재충전되는 것은 이와 같이 전지의 방전 과정을 반대로 거쳐서 이루어지는 것이랍니다.

우리 집을 환하게 밝혀 주는 형광등, 그 원리는 바로 이것!

형광등은 불빛을 눈으로 볼 수 있도록 바꿔 주는 형광 램프, 소음을 잡아 주는 점등관, 콘덴서 그리고 전압을 끌어오기도 하고 막기도 하는 안정기로 이루어져 있습니다. 이러한 것들로 이루어진 형광등은 방전 현상에 의해서 불이 들어오게 됩니다.

즉, 전기가 공급되어 형광등의 점등관이 뜨거워지면, 다음엔 필라멘트가 뜨거워지고, 그 후 점등관이 식으면서 회로가 막힙니다. 그런 다음에 안정기로 끌어온 전기는 형광등의 필라멘트를 통해서 방전하게 됩니다. 이 때 전자들이 충돌하여 나오는 빛이 형광 물질에 닿아 눈에 보이는 빛으로 바뀌는 것입니다. 형광등은 방전 현상, 전자의 충돌, 그리고 형광 물질을 이용하여 불빛을 만들어 내는 장치라고 할 수 있습니다.

> **용어 쏙 과학 쏙**
>
> 방전 : 충전되어 있는 전자로부터 전류가 흐르는 현상입니다.
> 충전 : 외부의 전원으로부터 방전할 때와는 반대의 전류를 흐르게 하여 에너지를 축적하는 일을 말합니다.

 에너지

우리 주변의 에너지는?

우리 주변에는 생각보다 다양한 여러 가지의 에너지가 있습니다.
어떤 것들일까요?

- 너 바람개비가 왜 도는지 아니?
- 글쎄, 왜 도는데?
- 바로 바람 에너지 때문이지.
- 에너지가 뭔데?
- 에너지란 일을 할 수 있는 능력을 말해.
- 바람이 나를 돌릴 수 있는 것은 에너지를 가지고 있기 때문이지.
- 바람만 에너지를 가지고 있니?
- 아니, 물레방아를 돌리는 높은 곳의 물,
- 증기 기관차를 달리게 하는 열도 에너지를 가지고 있지.
- 기계를 돌리는 전기,
- 너 어디 가니?
- 놀았더니 에너지가 다 떨어졌나 봐. 집에 갈래.

22

과학에서의 '일'

에너지라는 것을 쉽게 이야기하면 '일을 할 수 있는 능력'이라고 이해하면 됩니다. 이 때 '일'이라는 것은 과학에서 말하는 '일'로, 일상 생활에서 우리가 하는 '일'과는 다른 것입니다. 과학에서 말하는 '일'은 수량으로 정확히 나타낼 수 있어야 합니다. 또한 물체에 힘을 가하였어도 물체가 움직이지 않거나, 힘의 방향과 다르게 물체가 움직였다면 일이라고 하지 않습니다.

에너지의 여러 모습

에너지는 여러 가지 형태가 있습니다. 먼저, 운동하는 물체가 가지는 운동 에너지가 있습니다. 바람개비를 돌게 하는 바람이 가진 에너지가 바로 운동 에너지의 한 가지겠죠? 다음으로 물레방아를 돌리는 높은 곳의 물처럼 위치가 높은 곳에 있는 물질이 가지는 위치 에너지가 있습니다. 그리고 뜨거운 증기나 석유가 타면서 내는 열에너지가 있습니다. 그 외에도 핵이 가진 핵 에너지, 발전기를 돌려 가정에 공급되는 전기 에너지, 태양에서 오는 태양 에너지 등이 있습니다.

무한한 에너지, 유한한 에너지

에너지 자원 중에는 바람이나 파도, 태양으로부터 얻는 에너지처럼 무한한 에너지가 있는가 하면, 석탄이나 석유, 우라늄처럼 쓰고 나면 없어지는 유한한 에너지도 있습니다. 사람들이 살아가는 데는 에너지 자원이 반드시 필요합니다. 따라서 에너지 자원을 효율적으로 사용하고 절약하는 것은 물론, 자연의 힘을 이용한 에너지나 폐기물 에너지 등의 대체 에너지 개발이 필요하답니다.

> **용어 쏙 과학 쏙**
> 에너지 자원 : 우리에게 필요한 에너지를 얻을 수 있는 자원을 말합니다.

에너지 교실 (http://www.kemco.or.kr)

에너지 관리 공단에서 어린이를 위한 에너지 교실을 사이버상에서 운영하고 있어요. 이 곳에 가면 에너지에 대한 좋은 자료들을 얻을 수 있답니다. 하절기에는 '에너지 절약 청소년 봉사단'을 운영하고 있어 에너지 절약 방법을 익히는 데 도움이 될 것입니다.

비둘기는 어떻게 집을 찾을까?

비둘기는 집을 잘 찾기로 유명해서 옛날부터 편지를 전달하는 새로 이용되었답니다.
과연 비둘기는 어떻게 집을 잘 찾는 걸까요?

지구를 지켜 주는 힘, 자기장

자기장은 거친 우주 환경에서 별을 보호하는 보호막 역할을 하기 때문에 생명이 살아갈 수 있는 중요한 조건이에요. 우선 별을 둘러싼 우주만 해도 태양에서 뿜어져 나온 엄청나게 큰 에너지 입자들로 가득 차 있어요. 만약에 생물이 이런 큰 에너지 입자와 닿는다면 순식간에 녹아 없어질 거예요.

그렇다면 지구는 어떻게 안전할 수 있을까요? 그 이유에는 지구를 둘러싼 대기 외에도 여러 가지가 있는데, 그 중 하나가 지구 자기장이에요. 이는 지구 내부의 움직임에 따라 지구 주변에 거대한 자기장이 나타나는 현상을 말하지요. 즉 지구는 내부에 거대한 발전기를 가지고 있는 초대형 자석이라는 거죠.

지구 자기장은 우주에 있는 큰 에너지 입자를 지구의 극지방으로 움직이게 하여 지구 내부로 흘러 들어가는 것을 막아 주는 역할을 한답니다. 그래서 지구 자기장은 지구를 안전하게 보호해 주는 수호신이라고도 할 수 있지요.

그렇다면, 만약에 비둘기의 몸에 자석을 붙인다면 어떻게 될까요?
비둘기는 몸에 붙은 자석 때문에 지구 자기장을 느끼지 못하게 되어 원래의 목적지로 돌아갈 수 없게 된답니다.

화성에서는 왜 생명체를 찾아볼 수 없을까?

지구와 너무나도 닮아 형제 같은 별, 화성에는 왜 생명체가 없을까요? 화성 탐사가 본격적으로 시작되기 전에 과학자들은 그 점을 이상하게 생각했답니다. 그러나 화성 탐사 결과가 나오자 화성에 생명체가 살지 못하는 이유를 알게 되었지요.
그것은 무엇보다 화성에는 우주에서 오는 큰 에너지를 막아주는 자기장과 대기가 거의 없기 때문이에요.
이와 같은 보호막이 없으면 생명체가 있을 수 없답니다.

입자 : 다른 말로 알갱이라고 합니다. 그러므로 에너지 입자는 에너지 알갱이를 말합니다.

자기 부상 열차는 어떻게 바퀴 없이 달릴까?

자기 부상 열차는 바퀴 없이 공중에 뜬 상태로 달리는 열차입니다.
무거운 열차가 어떻게 바퀴 없이 달릴 수 있을까요?

전자석의 거대한 힘

자기 부상 열차의 무게는 얼마나 될까요? 철로 만들어져 있고, 많은 사람을 실어 나를 수 있으니 그 무게가 엄청날 것이라고 짐작할 수 있을 거예요. 그런데 이렇게 무거운 열차를 어떻게 궤도 위에 띄우고, 그처럼 빠른 속력으로 달리게 할 수 있을까요? 그것은 바로 전자석이 갖고 있는 거대한 힘을 이용하였기에 가능한 일이랍니다.

초전도 자기 부상 열차

정확히 말하자면 자기 부상 열차는 반영구 자석인 전자석을 이용한 것으로, 열차 궤도의 전자석은 열차를 공중에 띄울 수 있을 만큼의 강한 힘을 만들어 내는 것이지요. 초전도 자기 부상 열차는 전자석의 코일을 초전도체로 만들면 훨씬 더 강한 자력을 만들 수 있다는 원리와, 초전도체로 된 전자석에 전류가 흐르면 영구 자석 위에 뜨게 되는 현상을 이용한 것이랍니다.

> **용어 쏙 과학 쏙**
> 초전도체 : 전기 저항이 제로(0)가 되는 현상을 일으키는 물체로, 전력을 소비하지 않고도 전류를 흘려 주거나 강한 자기장을 발생시키는 물체를 말합니다.

자석을 이용한 치료 기구는 어떤 원리로?

사람의 혈액 속에는 헤모글로빈이란 성분이 있습니다.
헤모글로빈은 철분 성분을 많이 갖고 있지요. 그렇기 때문에
자기장 속에서 혈액의 흐름이 더 활발해지게 되어 신진 대사가 좋아지게 되는 것이죠. 이러한 원리를 이용한 것이 바로, 자석 요나 자석을 이용한 치료 기구들이랍니다.
물론, 이에 대해서는 좀더 자세한 연구가 필요하겠지만, 강한 자기장이 사람에게 큰 영향을 미치는 것은 사실이라고 알려져 있답니다.

국립 서울 과학관(http://www.nsm.go.kr)

서울 종로구에 위치한 국립 서울 과학관은 1926년에 설립된 곳으로, 5층 건물과 특별 전시관, 옥외 전시장으로 이루어져 있습니다.
1층부터 5층에 이르기까지 기초 과학 전시실, 입체 영화관, 자연사 전시실, 인터넷 정보 탐험관, 상설 체험관(각종 체험 학습관), 명예의 전당 전시장, 우주 체험관, 과학 교실, 컴퓨터 교육실, 도서실 등의 다양한 시설에서 여러 가지 과학 상식 및 볼거리가 제공됩니다.

TV 위에 시계를 놓아 두면 왜 고장이 날까?

TV 위에 시계를 놓아 두면 시계 바늘이 전혀 움직이지 않거나 시간이 틀리는 경우가 있습니다.
왜 그럴까요?

자석으로 내는 텔레비전의 소리

우리 생활을 편리하게 해 주는 것들 중에 자석을 이용한 물건이 많다는 사실을 알고 있나요? 예를 들어, 자석의 원리를 이용한 나침반, 냉장고 문에 붙여 놓는 병따개, 냉장고 문 등도 모두 자석을 직접 이용하거나, 자석의 원리를 이용한 것이랍니다.

텔레비전의 브라운관과 스피커의 진동판도 자석을 이용한 것이지요. 텔레비전 브라운관 안에는 전자빔을 쏘는 전자총이 있고, 텔레비전 스피커의 진동판 뒤에는 자석이 붙어 있습니다. 시계에는 여러 가지 철이 있기 때문에 텔레비전 위에 올려놓으면 철이 자화되어 고장이 나는 것입니다.

자석, 어떻게 만들까?

자석은 크게 영구 자석과 전자석으로 구분할 수 있답니다. 영구 자석은 막대자석과 같이 스스로 자석의 성질을 띠는 자석을 말하는데, 자철석과 같은 암석이나 탄소강, 텅스텐강, 크롬강과 같은 강철로 영구 자석을 만듭니다.

전자석은 철심에 도선을 코일 모양으로 빙빙 감아서 전류를 흘려 보내 도선 주위에 자기장이 형성되는 현상을 이용한 것입니다. 이렇게 만들어진 전자석은 전류의 세기를 조절하여 영구 자석으로는 도저히 불가능한 세기의 자기력을 만들어 낼 수 있답니다.

자철석 : 스스로 자석의 성질(자성)을 띠는 암석, 영어로 마그네타이트라고 합니다.
도선 : 전기의 (+)극과 (−)극을 이어 전기를 통하게 하는 데 쓰이는 쇠붙이 선을 말합니다.

배는 어떻게 물 위에 떠 있을까?

배는 무거운 짐을 싣고도 물 위에 떠 있습니다.
어떻게 무거운 철로 만든 배가 무거운 짐까지 싣고 물에 가라앉지 않을까요?

부력, 그 놀라운 힘

부력은 물에 있는 물체를 물 위로 떠올리는 힘입니다. 쇠가 물 밑으로 가라앉으려는 힘이 이를 떠받들려는 힘인 부력과 같으면 쇠가 물 위에 떠 있을 수 있는 것이죠. 바로 배가 누르는 힘이 부력보다 크기 때문에 배가 물 위에 뜨는 것이랍니다.

또 하나, 철로 만들어진 배나 무거운 쇳덩이가 물에 뜨는 이유는 무게가 아니라 물과 접촉하는 면적에 영향을 받기 때문입니다. 바로, 면적이 넓을수록 물에 잘 뜨는 것이죠. 그래서 철 조각과 같은 작은 물체는 물이 아무리 떠받치고 싶어도 힘을 줄 면적이 부족하기 때문에 물에 가라앉게 되는 것이랍니다.

물 속에서 더 가벼워요

물 속에 들어가면 왠지 몸이 가벼워지는 것 같고, 같은 돌이라도 물 속에서 드는 것이 물 밖에서보다 더 가볍게 느껴지지요. 이렇게 물 속에 있을 때, 힘이 덜 들도록 도와 주는 것은 바로 물이랍니다. 물 속에서는 아래쪽으로 향하는 힘인 중력과 반대 방향인 위쪽으로 향하는 힘이 생기는데, 우리는 이 힘을 부력이라고 부릅니다.

기원전 3세기, 그리스의 학자 아르키메데스는 물이 가득 담긴 욕조에 들어가면 물이 밖으로 흘러 넘친다는 사실에서 부력과 액체 사이의 관계를 설명하는 '아르키메데스의 원리'를 발견했습니다. 이 아르키메데스의 원리에 따라, 물 속에서 물체의 무게는 물 속에 잠길 때 밀어 낸 물의 무게만큼 부력이 작용하여 가벼워지게 되는 것이죠.

> 부력 : 쉽게 말해 물에 뜨려는 힘을 말합니다.

아르키메데스의 발견

고대 그리스 최대의 수학자이며, 물리학자입니다.
아르키메데스는 지레의 원리 외에도 부력의 원리를 발견하였습니다.
부력의 원리는 왕의 명령으로 왕관이 순금으로 만들어진 것인지, 아닌지를 알아보려고 하다가 발견했다고 해요. 부력을 발견한 아르키메데스는 기뻐서 '유레카(그리스어로 '발견했다')'라고 외쳤다고 합니다.

물고기는 어떻게 물 속에서 뜨고 가라앉을까?

물고기는 물 속에서 자유롭게 뜨고 가라앉을 수 있습니다.
어떤 특성이 있길래 그런 걸까요?

물고기의 수중 항해를 가능하게 하는 것은 무엇일까?

물고기와 같은 어류의 몸 속에는 부레라는 공기 주머니가 있습니다.
부레의 중요한 역할은 물고기 자체의 비중을 주위 물의 비중과 일치시키는 것입니다. 그럼으로써 물 속에서 운동하기 쉽게 하는 것이랍니다. 특히, 물고기가 물의 깊이에 따라 상하로 이동할 때, 내부의 공기량을 조절하는 역할을 하지요. 그래서 물 속에서의 이동을 더욱 쉽게 하는 것입니다.
이렇듯 수중 항해를 가능하게 하는 부레는 이 외에도 다양한 역할을 합니다.
즉 귀와 연결되어 청각 또는 평형 감각을 담당하기도 하며, 소리를 내는 작용을 하기도 한답니다. 한편 고래는 부레가 없답니다. 대신 몸을 감싸고 있는 두꺼운 지방층 덕분에 부력을 얻는 것이지요.

사이언스 올(http://www.scienceall.com)

전통 과학, 과학사, 생활 과학, 생명 과학, 자연 과학, 우주 과학 등 다양한 과학 분야에 대한 정보를 얻을 수 있는 유용한 사이트로, 과학 상식이나 기타 궁금한 것들은 검색어 찾기를 이용하거나, 주제에 따라 선택하여 찾아볼 수 있습니다.

용어 쏙 과학 쑥

부레 : 어류의 몸 속에 있는 공기 주머니를 말합니다.
비중 : 어떤 물질의 밀도(단위 부피당 질량)를 그와 같은 부피를 가진 4℃의 물의 밀도에 비교한 비를 말합니다.
평형 감각 : 직진 운동이나 회전 운동의 가속도에 대한 감각을 말합니다.

구멍 조끼를 입으면 왜 물에 뜰까?

비행기나 배에는 사고로 물에 빠졌을 때 입는 구명 조끼가 있습니다.
구명 조끼를 입으면 물에 잘 뜨는 이유는 무엇일까요?

민물보다 부력이 큰 바닷물

같은 양의 물과 소금물 중에서 어느 쪽이 더 무거울까요? 답은 '소금물이 무겁다.' 입니다. 그것은 바로, 소금물이 물에 녹아 있는 소금의 무게만큼 더 무겁기 때문이지요. 따라서 소금물과 보통 물에 달걀을 넣으면, 소금물이 무겁기 때문에 소금물 속의 달걀이 받는 부력이 더 큽니다. 소금을 많이 넣을수록 부력은 점점 커지는데, 소금을 충분히 넣으면 부력이 달걀의 무게보다 커지게 되어 결국에는 달걀이 물 위로 떠오르게 된답니다.

바닷물에는 소금 말고도 여러 가지 물질이 녹아 있기 때문에 민물보다 부력이 큰 것이죠.

부력을 이용한 물건에는 어떤 것들이 있을까?

자동차 연료통의 연료 측정기는 부력을 이용하여 통을 띄워 연료의 양이 얼마나 남아 있는지 알 수 있는 장치랍니다. 또한 물리 치료 중에서 물 속에서 하는 치료 방법이 있어요. 이는 뼈가 약하거나 혼자 걷기 힘든 경우에 부력을 이용하면 몸에 들어가는 힘을 줄여 주어 움직이는 데 도움을 주는 것이지요.

우리가 물놀이할 때 사용하는 구명 조끼도 부력을 이용하여 물 위에 뜨게 만든 대표적인 물건이랍니다.

죽은 바다, 사해

면적 1,020㎢, 동서 길이 15km, 남북 길이 약 80km이며, 최대 깊이 399m, 평균 깊이 146m입니다. 이스라엘과 요르단에 걸쳐 있으며, 북으로부터 요르단 강이 흘러들지요. 이 지방은 기후가 건조하기 때문에 물이 흘러들어오는 양과 거의 같은 양의 수분이 증발하여 염분의 농도가 극히 높습니다.

따라서 하구 근처 외에는 생물이 거의 살지 않기 때문에 죽은 바다라는 뜻의 사해라 불립니다. 한편 예로부터 높은 염분 때문에 사람 몸이 바닷물에 뜨기 쉬운 것으로도 유명합니다.

용어 쏙 과학 쏙
증발 : 액체가 그 표면에서 기체로 변하는 현상을 말합니다.
농도 : 액체 따위의 짙은 정도를 말합니다.

젖빛 유리는 왜 밖이 잘 안 보일까?

투명한 유리와 달리 유리의 표면을 갈아서 광택과 투명성을 없앤 젖빛 유리는 밖이 잘 보이지 않습니다. 왜 그럴까요?

빛의 반사를 이용해 물체 보기

거울에 들어온 빛은 들어온 각도 그대로 나갑니다. 그래서 거울의 입사각과 반사각은 같다고 합니다.

우리가 어떤 물체를 어느 방향에서나 잘 볼 수 있는 것은 물체 표면에서 난반사가 일어나기 때문입니다. 만약 물체 표면에서 빛이 한 방향으로만 반사된다면 그 방향을 빼고는 어디서도 물체를 볼 수가 없게 될 것입니다.

젖빛 유리로 만든 만화경

만화경은 크기가 같은 길쭉한 3개의 평면 거울로 만듭니다. 원통 속에 거울면을 안쪽으로 해서 끼워 넣어 만들지요. 한쪽 끝은 젖빛 유리로 봉하고, 다른 끝은 눈을 대고 들여다보는 곳으로 합니다. 만화경 속에는 작은 색종이 조각이나 셀룰로이드 조각을 주로 넣습니다.

젖빛 유리를 밝은 쪽으로 향하게 하고 구멍으로 내부를 들여다보면서 원통을 빙글빙글 돌립니다. 그러면 빛이 반사되어 여러 가지 무늬가 생기면서 갖가지 아름다운 모양이 나타난답니다. 이처럼, 여러 가지 모양의 무늬를 만든다고 하여 만화경이라고 하는데 19세기 초 영국의 물리학자인 브루스터가 만들었다고 합니다.

야구 선수의 눈 밑 그늘?

야구 경기를 보면, 야구 선수들이 눈 밑에 검정 칠을 한 것을 흔히 볼 수 있습니다. 이것은 한낮에 야외에서 주로 하는 야구의 특성상 햇빛이 반사되어 눈이 부신 것을 막기 위한 것입니다. 얼굴에 햇빛이 도달하면 여기저기 빛의 반사가 이루어지는데, 눈 밑에 검정 칠을 하면 얼굴에 부딪힌 빛들이 검정 칠을 한 부분으로 흡수됩니다. 그러면 빛이 눈으로 반사되는 것을 막아 주어 눈을 부시게 하는 빛의 양을 줄일 수 있습니다.

셀룰로이드 : 플라스틱의 한 종류입니다. 생활용품, 완구·학용품 등으로 사용되었으며, 특히 사진용으로 널리 사용되었으나 현재는 다른 물질로 거의 대체되었고 탁구공 외에는 큰 용도가 없습니다.

지레의 원리를 처음으로 증명한 사람은?

긴 막대를 사용하면 무거운 물체를 쉽게 움직일 수 있는데, 이러한 도구를 '지레'라고 합니다. 지레의 원리를 처음으로 증명한 사람은 누구일까요?

지레로 지구 들어올리기

지레의 원리를 발견한 사람은 바로, 그리스의 수학자 아르키메데스입니다. 아르키메데스는 지레의 원리 응용에 뛰어난 기술자였답니다. 지레의 반비례 법칙을 발견한 아르키메데스는 시라쿠사 왕 히에론 앞에서 "긴 막대와 받침대만 있으면 지구라도 움직여 보이겠다."고 장담을 하였다고 합니다. 그리하여 왕이 해변 모래사장에 올려놓은 군함에 군인을 가득 태우고 이것을 물에 띄우라 하였더니, 아르키메데스가 지레를 응용한 도르래를 써서 이를 쉽게 해냈다고 합니다.

지레의 원리, 그 원리를 이용한 것들

지레에 작용하는 힘 중 막대를 받치고 있는 점을 받침점, 힘이 가해지는 점을 힘점, 그리고 물체에 힘이 작용하는 점을 작용점이라고 합니다.

이러한 지레는 1종 지레, 2종 지레, 3종 지레 세 가지로 나눌 수 있습니다. 1종 지레는 받침점이 작용점과 힘점 사이에 있는 지레로 시소, 가위, 장도리 등을 예로 들 수 있습니다. 2종 지레는 작용점이 받침점과 힘점 사이에 있는 지레로 병따개가 있습니다. 마지막으로, 3종 지레는 힘점이 받침점과 작용점 사이에 있는 지레로 핀셋, 낚싯대, 족집게 등을 들 수 있습니다.

도르래의 원리를 이용한 거중기

거중기는 조선 시대에 정약용이 만든 것으로, 1796년에 수원성을 쌓는 데 이용되었습니다. 거중기는 도르래의 원리를 이용하여 작은 힘으로 무거운 물건을 들어올리는 장치로, 정약용은 정조가 중국에서 들여온 "기기도설"이란 책을 참고하여 거중기를 개발하였다고 합니다.

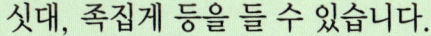

도르래 : 바퀴와 줄을 적절히 사용하면 무거운 물체를 쉽게 들어올릴 수 있는데, 이렇게 사용되는 바퀴를 말합니다.

밤에 소리가 더 크게 들리는 이유는?

같은 소리인데도 낮보다 밤에 더 크다고 느낄 때가 있습니다.
왜 밤에는 소리가 더 크게 들릴까요?

공기를 타고 전해지는 소리

해가 지면 땅과 대기의 온도 차이가 생깁니다. 이러한 현상은 낮에도 일어납니다. 그렇다면, 밤에는 땅과 대기 중에서 어느 쪽 공기가 더 따뜻할까요? 땅은 대기보다 더 빨리 데워지고 더 빨리 식습니다.

따라서 낮에는 땅 가까운 곳에서 따뜻한 공기를 타고 소리가 빠르게 퍼져 나가면서 위쪽으로 휘게 되고, 밤에는 땅 쪽의 공기가 더 차기 때문에 소리가 땅 쪽으로 휘는 현상이 나타나는 것이랍니다. 결국 밤에는 소리가 더 멀리 그리고 더 크게 들리게 되는 것입니다.

소리는 어떻게 만들어질까요?

모든 소리는 물체의 진동에 의해 만들어집니다. 현을 가진 악기는 현의 떨림에 의해서 소리가 만들어지고, 사람의 목소리는 성대의 떨림으로 만들어진답니다. 하지만 이러한 모든 소리는 공기가 있기 때문에 들을 수 있는 것이지요.

만약에 우리가 사는 곳이 진공 상태라면 우리는 아무런 소리도 들을 수 없게 됩니다. 그것은 바로 진동을 전달하는 물질이 없어졌기 때문이죠.

참소리 박물관

강원도 강릉시 송정동에 위치한 세계 최대 규모의 오디오 박물관으로, 손성목 관장이 40여 년간 60여 개국에서 축음기를 모아 1992년에 문을 연 세계 최대 규모의 오디오 박물관입니다.

17개국에서 만든 축음기 4,000여 점 가운데 1,400여 점의 축음기와 음반 15만 장, 그리고 8,000여 점의 음악 관련 도서 자료들이 진열되어 있어, 100년 소리의 역사를 한눈에 볼 수 있습니다. 이곳에는 미국 워싱턴에 있는 에디슨 박물관보다도 에디슨이 만든 축음기 진품들이 더 많이 진열되어 있기도 합니다.

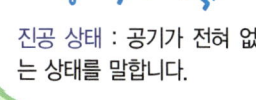

진공 상태 : 공기가 전혀 없는 상태를 말합니다.

재미가 솔솔~ 과학이 팡팡!
민속 놀이 속에 과학이 쏘옥!

오늘날 만들어진 것만이 과학적인 것이라고 생각하고 있지는 않나요? 하지만 옛 것 중에서도 그리고 재미있는 민속 놀이 속에서도 놀라운 과학 원리를 찾아낼 수 있답니다.

놀이 속 과학 하나 썰매타기

썰매를 탈 때 일어나는 수막 현상

썰매타기는 설마(雪馬), 설매, 서르매, 산설매, 산서르매 등으로 불리기도 했는데, 눈 위를 말이나 매처럼 빠르게 달린다는 뜻이라고 합니다.

그런데 이처럼 썰매가 눈 위를 빠르게 달릴 수 있는 것은 수막 현상이라는 과학 원리를 이용하고 있기 때문입니다. 눈이나 얼음이 쇠나 나무 등 다른 물체의 압력을 받으면 녹게 되는데, 이 때 생기는 물이 수막 현상을 일으키는 것입니다.

여기서 수막 현상이란 물이 고인 곳을 자동차처럼 빠른 속도로 움직이는 물체가 지나가면 물의 저항에 의해 물체가 지면 위로 떠오르게 되어 물 위를 미끄러지듯 지나가게 되는 것을 말합니다.

놀이 속 과학 둘 그네뛰기

추의 운동 원리가 그네에!

그네는 실에 매달린 추의 운동과 관계가 있습니다. 그네란 말도 '끈'에서 비롯된 것으로, 끈의 놀이라는 뜻이 있다고 합니다.

실에 매달린 추는 하나의 축을 중심으로 좌우로 흔들리며 똑같은 경로를 계속해서 왕복합니다. 이러한 운동을 진동이라 하며, 이렇게 움직이는 물체(실에 매달린 추)를 진자라 하지요. 진자는 중심에서 가장 빠르고, 양쪽으로 갈수록 느려집니다. 그리고 공기의 저항이 없다면 양쪽으로 같은 높이를 오르내리기를 반복하겠지만, 공기의 저항이 있기 때문에 운동 에너지가 점점 줄어들어 결국 멈추게 되지요.

하지만 그네는 앉았다 일어섰다를 반복하며 타면 점점 높이 올라갑니다. 앉으면 무게 중심이 회전 중심(끈이 묶여 있는 지점)에서 멀어지게 되고, 일어서면 가까워지는데, 이렇게 무게 중심으로부터의 거리가 달라지면 회전력도 달라지게 됩니다. 그래서 높이 올라가는 것이지요.

놀이 속 과학 셋 — 널뛰기

널뛰기는 1종 지레

널뛰기는 지렛대의 원리를 이용한 것으로 받침점이 작용점과 힘점 사이에 있는 1종 지레에 속합니다. 한 사람(힘점)이 널판을 구르면 널판의 가운데 고여 있는 가마니(받침점) 때문에 지렛대의 원리가 발생하여 반대편 사람(작용점)이 위로 올라가게 되지요.

이 때 널판을 구르는 힘(발을 구르는 높이에 의해 갖게 되는 위치 에너지)이 지렛대의 원리에 의해 반대편으로 전해져 반대편 사람을 띄우는 운동 에너지로 바뀌게 됩니다.

널은 몸무게가 비슷한 사람끼리 해야 균형을 이루어 잘 뛰어집니다. 하지만 그렇지 못한 경우에는 무거운 사람이 안쪽으로 오거나, 가마니를 무거운 사람 쪽으로 옮겨 무게 중심을 잡아 주어야 균형을 이룰 수 있지요.

놀이 속 과학 넷 — 팽이치기

원심력과 구심력이 작용하는 팽이

팽이는 뾰족한 축을 중심으로 둥글게 원을 그리며 도는 장난감입니다. 팽이가 뱅글뱅글 돌 수 있는 것은 바깥쪽으로 튀쳐 나가려는 성질(원심력)과 안쪽으로 잡아당기는 힘(구심력)이 반대 방향에서 같은 크기로 작용하기 때문입니다.

그리고 팽이가 도는 힘이 약해져 쓰러지려 하면 팽이채로 쳐서 다시 돌아가게 하는데, 이는 팽이의 몸에 순간적으로 감겼다가 풀어지는 팽이채의 힘에 의해 구심력이 커졌기 때문입니다.

또한 빨리 돌아가는 물체는 계속 돌고자 하는 관성이 있기 때문에 쓰러지지 않고 계속 돌 수 있는 것입니다. 그것은 자전거 바퀴가 천천히 달리면 쓰러지지만 빨리 달리면 똑바로 서는 것이나 쓰러지려할 때 쓰러지는 쪽으로 핸들을 돌리면 다시 일어서게 되는 것과 같은 이치랍니다.

알쏭달쏭 아리송한 퀴즈 따라 삼천 리

다함께 과학 퀴즈 여행을 떠나 볼까요? 다음 문장을 읽고 맞으면 O, 틀리면 X쪽 길을 따라가 보세요. 함정에 빠지지 않고 무사히 도착했다면 나는야 꼬마 과학자!

물질

물에 녹은 설탕은 어디에 있을까?

설탕이나 소금을 물에 녹이면, 보이지 않고 무색 투명해집니다.
설탕이나 소금은 어디에 숨어 있는 걸까요?

액체는 어떤 성질을 가졌을까?

액체는 기체에 비하면 일반적으로 밀도가 매우 크고 점성도 큽니다. 액체는 분자간에 응집력도 더 크게 작용하고 있어요. 그래서 기체에서는 볼 수 없는 액체 특유의 현상을 나타내지요. 표면장력이나 모세관 현상 등이 그 예랍니다.
물이 종이나 헝겊에 저절로 스며들거나, 녹은 양초가 심지를 따라 올라가는 현상은 분자간의 응집력 때문에 일어나는 액체 특유의 현상이라고 할 수 있답니다. 또한 물질을 녹이는 것도 액체의 특징 중 하나입니다.

설탕을 물에 녹이면 물의 무게는 달라질까?

아니에요. 설탕을 녹이기 전과 녹인 후의 무게는 같답니다.
그러니까 '설탕의 무게 + 물의 무게 = 설탕물의 무게' 라고 정리할 수 있지요.
그리고 물질이 용해되어 보이지 않게 되어도 물질은 자신의 성질을 잃지 않아요. 용액 속에 그대로 들어 있답니다.

용해되는 것과 용해되지 않는 것들

물에 용해되는 물질에는 설탕이나 소금, 알코올, 식초, 수성 잉크, 글리세롤, 이산화탄소, 비타민 등이 있고 용해되지 않는 물질에는 기름, 금속, 탄화수소, 지방, 나프탈렌, 밀가루, 탄산칼슘, 벤젠, 철가루 등이 있습니다.

용어 쏙 과학 쏙

용액 : 물질이 액체에 녹아 있는 것을 말합니다.
모세관 현상 : 가는 유리관을 액체 속에 세웠을 때 관 안의 액면이 관 밖의 액면보다 높아지거나 낮아지는 현상을 말합니다. 대표적으로 물 속에 유리관을 세우면 유리관 안쪽의 수면이 높아지는 것입니다.

 물질

가루 물질을 더 많이 녹이려면?

설탕이나 소금과 같은 가루 물질을 물에 많이 녹이려고 합니다.
어떻게 하면 더 많이 녹일 수 있을까요?

모두 똑같이 녹는 걸까?

일상 생활에서 접하는 여러 가지 가루 물질 중 어떤 물질은 물에 잘 녹습니다. 또 같은 액체에 대해서도 고체 물질의 종류에 따라서 용해 여부가 달라진답니다.

대개 고체와 액체는 온도가 높아야 용해도가 올라가서 잘 녹아요. 그런데 기체는 차가운 상태여야 더 잘 녹지요. 왜냐 하면 온도가 높으면 분자 운동이 활발해지기 때문이에요.

기체는 공기 중으로 흩어지려는 성질을 가지고 있어요. 이 때 열을 가해 주면 흩어지려는 성질이 더욱 강해져서 기체를 한 곳에 모으는 것이 어렵게 되지요. 반대로 열을 낮추어 차갑게 해 주면 흩어지려는 성질이 적어진답니다. 즉, 기체 분자 내의 활동성이 둔해지는 것이죠.

같은 양의 물에 같은 양의 기체가 있는 경우, 온도를 높여 주면 기체 분자들은 활발히 움직이게 되면서 물 분자와 충돌하고 더 빠르게 공기 중으로 나갑니다. 반대로 물의 온도를 낮추면 기체 분자들의 움직임이 둔해지니까 물 분자와의 충돌도 덜하고 물 속에 남아 있게 되는 것이랍니다.

냉장고에 있는 사이다에 무슨 일이?

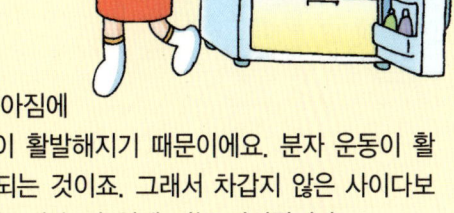

냉장고에서 꺼낸 사이다 뚜껑을 열면 거품이 발생하지요?
이것은 사이다에 이산화탄소가 녹아 있기 때문이에요.
일반적으로 일정한 압력에서 기체의 용해도는 온도가 높아짐에
따라 감소한답니다. 왜냐하면 온도가 높아지면 분자 운동이 활발해지기 때문이에요. 분자 운동이 활발하기 때문에 이산화탄소가 끼어들 자리가 더 적어지게 되는 것이죠. 그래서 차갑지 않은 사이다보다 냉장고에 넣어 냉각시킨 사이다 속에 더 많은 이산화탄소가 녹아 있게 되는 것이랍니다.

> **용어 쏙 과학 쏙**
> 용해 : 액체에 기체 또는 고체가 녹는 것을 말합니다. 액체에 다른 액체가 용해되는 것은 혼합이라고 합니다.

약을 콜라와 함께 먹어도 될까?

약은 물과 함께 먹어야 하는데 만일 먹기 힘들다고 물이 아닌 다른 음료수와 먹으면 어떻게 될까요?

용질, 용매와 만나다!

녹아 들어가는 물질을 용질, 용질을 녹이는 물질을 용매라고 해요. 또 만일 서로 녹이는 물질인 경우에는 양이 많은 것이 용매, 양이 적은 것이 용질이지요. 그리고 용매가 물일 때는 수용액이라고 해요. 예를 들어 소금을 물에 녹이면 소금은 용질, 물은 용매가 되지요.

나프탈렌은 물에 안 녹아요?

나프탈렌이 용해되어 있는 아세톤에 스포이트로 물을 조금씩 넣어 가며 젓기를 반복하다 보면 투명하던 액체가 뿌옇게 흐려집니다. 이것은 나프탈렌이 물에 용해되지 않기 때문에 나타나는 현상입니다. 이것을 통하여 가루 물질이 용해되어 보이지 않게 되어도 없어진 것이 아니라는 것을 알 수 있어요. 그리고 나프탈렌은 아세톤에는 용해되나 물에는 용해되지 않는다는 것을 알 수 있지요.

이와 같이 가루로 된 시약을 용해되는 액체에 넣어 용해시킨 다음, 용해되지 않는 액체를 넣어 다시 가루를 얻어 내는 방법은 가루 시약의 순도를 높이기 위하여 과학자들도 실제로 사용하는 방법이랍니다.

물이 세면 센물, 세지 않으면 단물!

센물은 경수라고도 하지요. 이에 대하여 이온이 비교적 적게 함유되어 있는 물을 단물이라고 해요. 센물은 양이온 교환수지를 이용하거나 탄산나트륨, 붕산 등의 연화제를 사용하여 단물로 만들 수 있어요.

지하수는 보통 센물이에요. 빗물은 단물인 경우가 많지요. 센물은 공업용수로 부적당해요. 특히, 보일러의 내면에 물때를 만들어 막히게 하거나 열전도를 나쁘게 합니다. 때로는 폭발의 원인이 되기도 하지요. 또 비누를 사용할 때 센물을 쓰면 거품이 잘 일지 않아 세척 효과가 줄어든답니다.

용어 쏙 과학 쑥

양이온 교환수지 : 센물이 양이온 교환수지를 지나가게 되면 양이온 교환수지 내에 있는 음이온과 센물 속에 존재하는 양이온들이 정전기적 인력에 의해서 달라붙게 됩니다. 그 결과 센물 내에 양이온의 수가 줄어들어 단물이 될 수가 있습니다.

잠수함은 어떻게 물 속으로 가라앉을까?

영화에서 잠수함을 보면 물 속에서 쉽게 떠올랐다 가라앉았다 합니다.
잠수함은 어떻게 자유롭게 움직일 수 있는 걸까요?

 과학이 말랑말랑

물고기를 보고 만들어진 잠수함

잠수함의 부표 저장통에 바닷물이 가득 차면, 잠수함은 물 밑으로 가라앉습니다. 일단 물 밑으로 가라앉은 후에는 꽁무니에 있는 프로펠러를 돌려 앞으로 나아가고, 방향을 바꾸고 싶을 때에는 잠수함 머리 앞 쪽에 붙어 있는 수평 날개를 움직입니다. 수평 날개는 물고기 아가미 뒤에 있는 수평 지느러미와 같은 역할을 하는 것이지요. 물 속을 항해하던 잠수함이 떠오르려면 물 밑으로 가라앉을 때와는 반대로 부표 저장통에 담아 두었던 물을 내보내면서 서서히 떠오릅니다. 이처럼, 잠수함은 물고기가 물 위에 뜨고 가라앉는 원리와 같은 원리로 만들어져 자유롭게 물 위로 뜨고, 물 밑으로 가라앉을 수 있는 것이랍니다.

돌멩이는 왜 물 속에 가라앉을까?

물 속에 있는 물체는 중력과 부력을 동시에 받게 되지요. 그런데 이 때 부력이 중력보다 크면 뜨고, 부력이 중력보다 작으면 가라앉습니다. 예를 들어 공기가 가득 찬 풍선이나 튜브가 물 위로 둥둥 뜨는 이유는 중력보다 부력이 더 크기 때문입니다. 이와는 달리 돌멩이가 물 속으로 가라앉는 이유는 중력이 부력보다 더 크기 때문입니다.

 상식이 사각사각

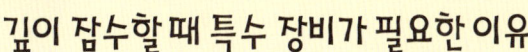 용어 쏙 과학 쏙

잠수병 : 물 밑과 물 위의 심한 기압의 차로 인해 잠수부에게 흔히 나타나는 갖가지 신체적 장애를 말합니다. 케이슨병이라고도 합니다.

깊이 잠수할 때 특수 장비가 필요한 이유

잠수할 수 있는 깊이에 한계가 있기 때문에 물 속 깊이 잠수할 때는 특수 장비가 필요하지요.
왜 그럴까요? 그것은 깊은 물 속은 온도가 낮고, 공기가 부족하기 때문이에요. 또 물이 누르는 힘이 크기 때문에 잠수병에 걸릴 수 있어서죠. 깊은 물 속은 어두워 잘 안 보이고 마음대로 뜨고 가라앉기도 어려워요. 그래서 잠수복이나 물갈퀴, 수경 등 특수 장비를 갖추는 것이랍니다.

눈의 결정 모양은 왜 육각형일까?

눈이 오는 날, 눈을 관찰해 보면 눈의 결정 모양이 대부분 육각형이라는 것을 알 수 있습니다.
눈의 결정은 왜 육각형 모양으로 이루어진 걸까요?

야~, 눈이다!

어?

왜?

어깨에 눈이 쌓였는데 참 예쁘다.

눈의 결정 모양이 육각형이네.

왜 눈의 결정 모양은 육각형일까?

눈에 대한 거라면 내가 설명해 줄게.

눈사람이 말을 하네!

눈의 결정은 물 알갱이들이 얼어 붙은 것인데, 육각형일 때가 가장 안정적이어서 그래.

눈의 결정 모양은 얇은 판 모양, 기둥 모양, 꽃 모양 등이 있는데,

이 모양들도 모두 육각형꼴을 이루고 있지.

우리 육각형 눈사람을 만들어 볼래?

하하하~.

육각형이라고 다 같은 육각형?

눈의 결정 모양은 육각형으로 되어 있습니다. 이는 눈의 주성분인 물 분자들이 육각형으로 배열될 때 가장 안정적인 상태가 되기 때문입니다.
하지만 육각형이라고 해서 다 같은 모양을 하고 있는 건 아니랍니다. 판 모양, 바늘 모양, 기둥 모양, 별 모양, 꽃 모양 등 그 종류도 아주 다양하죠. 눈의 결정 모양은 주로 공기의 온도와 거기에 포함된 수증기의 양에 따라 달라집니다. 따라서 똑같은 모양을 하고 있는 눈송이 역시 거의 없지요.

눈이 와서 고요한 밤?

눈이 오면 세상은 더욱 고요해집니다. 그건 눈이 소리를 흡수해 버리기 때문이지요. 간단히 말하자면 눈이 쌓이면 육각형의 눈 결정들이 모여 여러 가지 크기의 입자들을 만들어 냅니다. 그런데 이렇게 입자와 입자가 모일 때 많은 틈이 생겨납니다. 이런 미로 같은 틈 사이로 소리가 흡수돼 버리는 것이죠.

아프리카에도 눈이 올까?

눈은 대개 추운 지역에서 많이 내립니다. 그러나 아프리카와 같은 열대 지역이라고 눈이 전혀 안 오는 것은 아닙니다. 아프리카의 킬리만자로 산에는 만년설 즉, 일 년 내내 눈이 쌓여 있는 곳도 있어요. 뿐만 아니라 거기엔 빙하까지 있답니다.

용어 쏙 과학 쏙

결정 : 평평한 면으로 둘러싸인 물체 안쪽의 원자가 규칙을 가지고 만들어진 고체. 눈의 결정은 육각형이며, 크기는 2mm로 큰 편입니다.

오래 된 달걀을 어떻게 알아 낼 수 있을까?

오래 된 달걀을 먹으면 배탈이 날 수 있습니다.
신선한 달걀과 오래 된 달걀을 어떻게 알아 낼 수 있을까요?

아이고 배야! 점심에 먹은 달걀이 상했었나 봐요.

저런~, 오래 된 달걀인지 확인하고 먹어야지.

어떻게 오래 된 달걀인지 알 수 있는데요?

오래 된 달걀

달걀을 물에 넣었을 때 가라앉는 것은 신선한 달걀이고, 뜨는 것은 오래 된 달걀이란다.

신선한 달걀

달걀 껍질에는 눈에 보이지 않는 작은 구멍들이 있는데,

그 구멍들을 통해서 달걀 속의 수분이 증발하지.

그래서 시간이 지날수록 달걀 속에 빈 공간이 생기면서 밀도가 작아지게 된단다.

윽! 내 수분!

이제부터 물에 넣어 보고 가라앉는 달걀만 먹어야겠다.

또 손으로 만져 보았을 때 껍질이 까칠까칠한 게 신선한 달걀이고, 매끄러운 게 오래 된 달걀이야.

그런데 배는 괜찮니?

윽! 배야! 급하다, 급해!

달걀은 살아있어요!

달걀은 단단한 껍질로 둘러싸여 있어 눈으로 보기에는 빈틈이 없어 보입니다. 하지만 달걀은 숨 쉬는 생명체랍니다. 달걀 껍질에는 외부의 공기가 드나드는 미세한 구멍이 있어요. 이러한 달걀 내부는 단백질이 채우고 있는데, 이 단백질은 액체 상태랍니다. 그래서 달걀을 공기 중에 오래 놔두면 수분이 증발하게 됩니다.

다시 말해서 달걀 밖의 공기가 빈 자리를 채워 상한 달걀 전체의 밀도가 작아지게 되는 것이에요. 그리고 이처럼 밀도가 작기 때문에 상한 달걀이 더 잘 뜨는 것이죠.

소금물과 달걀의 비중

그런데 상한 달걀만 뜨는 것은 아니랍니다. 진한 소금물에 넣으면, 신선한 달걀도 뜨게 되지요. 이런 현상은 소금물의 밀도가 달걀보다 높아졌을 때 나타납니다. 일반적으로 달걀의 노른자나 흰자는 밀도가 높아서 물 속에 넣으면 가라앉게 되는데, 소금을 넣어 물의 밀도를 높여 주면 이와 같은 현상이 나타나지요.

달걀뿐 아니라, 곡식의 쭉정이를 가려 낼 때도 소금물에 담가 본답니다. 쭉정이와 상한 달걀은 밀도가 아주 낮아져 있기 때문에 아주 적은 양의 소금을 넣은 물에서도 뜨기 때문입니다.

깨뜨렸을 때는 오래 된 달걀인지 아닌지 어떻게 알 수 있나요?

달걀이 오래 되면 암모니아가 많이 생기게 돼서 암모니아 냄새가 나기도 하지요. 또한 흰자위가 묽어지고, 수분이 노른자위를 둘러싸고 있는 막을 뚫고 안으로 들어가 노른자위도 묽어지고 커지며 쉽게 터집니다. 달걀을 깨뜨려서 접시에 놓았을 때 흰자위와 노른자위가 넓게 퍼지면 신선하지 못한 것입니다.

밀도 : 각각 다른 물체들의 질량과 부피 사이의 차이점을 비교하는 데 밀도라는 단위를 사용합니다.

수증기는 어떻게 변할까?

육지나 바다에서 증발한 수증기는 공기 중에 섞입니다.
공기 중의 수증기는 어떻게 변할까요?

너 변신의 천재가 뭔지 아니?

그야 뭐……, 카멜레온 아니겠어?

뭐 다른 게 또 있어?

수증기도 있어.

공기 중의 수증기는 안개, 이슬, 구름, 서리, 눈, 비 등으로 변하거든.

와~. 그렇게나 많이?

수증기가 찬 물체에 달라붙어 생긴 물방울이 이슬이고,

수증기의 온도가 낮아지면서 작은 물방울로 되어 지표면 가까이에 떠 있으면 안개가 되지.

또 수증기가 작은 물방울로 되어 높은 곳에 떠 있으면 구름이 된단다.

아~, 추워! 기온이 영하로 떨어지면서 수증기가 얼면 서리가 돼.

물의 변신은 무죄?

물은 얼면 고체인 '얼음'이 되고, 눈으로 볼 수 없는 기체 상태의 물인 '수증기'로 변하기도 하며, 눈에 보이는 액체 상태의 작은 물방울들이 떠 있는 '김'으로 변하기도 하죠. 공기 중의 수증기가 온도가 낮아지면서 작은 물방울로 되어 지표면 가까이에 있는 '안개'가 되기도 하고, 공기 중의 수증기가 찬 물체의 표면에 달라붙어 식어서 '이슬'이 되기도 합니다.

또 지표면 위의 공기가 위로 올라가면서 온도가 낮아지면, 공기 중의 수증기가 모여서 작은 물방울로 되어 '구름'이 됩니다. 이 구름이 점점 커지면서 무거워지면 다시 지표면으로 떨어지는데, 이것이 '비'입니다. 기온이 아주 낮아지면 구름 속의 얼음 알갱이에 수증기가 계속 얼어붙어서 무거워져 지표면으로 떨어지는 것은 '눈'이죠.

눈에 보이면 김, 보이지 않으면 수증기

주전자에서 물이 끓을 때 처음에는 김이 보이지 않다가 일정한 시간이 지나면 보이지요? 왜 그럴까요? 수전자의 주둥이 쪽에서 나온 수증기는 공기 중에서 점점 식으면서 이슬이 맺히는 온도에 도달해서야 우리 눈에 보이기 때문입니다. 이것이 바로 김이지요.

용어 쏙 과학 쏙
증발 : 액체 또는 고체의 표면에서 물체가 기체로 변하는 현상을 말합니다.

베드윈 족이 검은색 옷을 입는 이유

시나이 사막에 사는 베드윈 족은 검은색 천으로 된 헐렁한 옷을 입는다고 해요. 검은색 옷을 입는 이유는 땀을 빨리 마르게 하기 위해서랍니다. 수분이 증발하면서 열을 빼앗아 가면 더 시원하게 느껴지기 때문이죠. 증발 현상은 사람이 체온을 조절하는 주된 원리이기도 해요.

바로 땀의 배출이 그것인데, 땀이 매순간 기화해 열을 빼앗아 가면 우리 몸은 시원함을 느끼지요. 하지만 땀의 양이 너무 많거나 공기 중에 습기가 꽉 차서 증발이 잘 일어나지 않으면 체온 조절이 원활하지 않게 되지요. 이 때문에 습도가 높은 장마철에 평소보다 불쾌감을 더 많이 느끼는 것이에요.

아기 기저귀를 깨끗하게 헹구려면?

아기 귀저기는 아무리 많이 헹구어도 암모니아와 세제 성분이 남아 있어 아기의 피부를 자극한다고 합니다. 어떻게 하면 깨끗이 헹굴 수 있을까요?

 과학이 말랑말랑

식초의 놀라운 효능

식초는 산성 조미료입니다. 그런데 다른 역할도 참 많아요. 세균을 없애는 살균력이 있고 몸 속에 들어오면 음식물의 소화, 흡수를 도울 뿐 아니라, 피곤도 풀어 주지요.
그리고 한 가지 역할이 더 있어요. 바로 식초로 옷을 헹구면 깨끗해지는 것이랍니다. 식초는 옷에 있는 비누 성분을 분해시키는 유연제와 같은 성질이 있습니다. 식초를 넣어 빨래를 헹구면 옷이 손상되지 않고 부드러워지며 정전기도 막아 주죠.
그래서 아기 기저귀를 식초 넣은 물로 헹구면 염기성인 암모니아를 중화시킬 뿐 아니라, 섬유를 부드럽게 하기 때문에 아기의 피부를 보호할 수 있는 거랍니다.

양잿물이 소금물로?

독성이 아주 강한 염산과 수산화나트륨을 같은 양씩 섞으면 어떻게 될까요? 놀랍게도 독성이 깨끗하게 사라지면서 마셔도 괜찮은 소금물이 생깁니다. 이것은 산과 염기 사이에 중화 반응이 일어났기 때문이죠.
따라서 만약 염기성 물질인 양잿물을 세제로 사용했다면 그 물을 염산으로 중화시켜서 버리면 됩니다. 그러면 환경 보호에도 도움이 되겠지요?

 상식이 사각사각

우유에 식초를 넣으면 왜 엉겨붙을까?

우유에 있는 카세인이라는 단백질 성분이 응고되는 것이지요.
식초는 약한 산이기 때문에 식초를 넣었을 때 단백질 변성이 일어나게 됩니다. 그래서 우유의 단백질이 응고되어 바닥으로 가라앉게 되는 거죠. 식초 외에 다른 산과 만나도 우유의 단백질이 응고되는 것을 볼 수 있답니다.

> **용어 쏙 과학 쏙**
> 중화 반응 : 산과 염기가 분해되어 나오는 수소 이온과 수산화 이온은 서로 만나면 아무런 해가 없는 물 분자가 되고, 남은 찌꺼기들은 소금이 되는 것이 중화 반응입니다.

산성비는 왜 내릴까?

산성비는 식물이 잘 자라지 못하게 하고 건물을 부식시키기도 합니다.
이러한 산성비는 왜 내리는 걸까요?

이런~, 대충 닦고 빨리 씻어라.

엄마, 비에 다 젖었어요. 수건 좀 주세요.

닦으면 다 마를 텐데 안 씻어도 되잖아요.

산성비라서 안 돼!

산성비를 맞고 안 씻으면 머리카락이 빠질 수도 있거든.

대머리가 돼요? 근데 산성비는 왜 내리죠?

황산화물

질소산화물

강한 산성

공장이나 자동차에서 나오는 황산화물과 질소산화물 등이 공기 중의 수증기와 결합하여 강한 산성 물질이 되는데,

그것이 빗물에 포함되어 떨어지면 산성비가 되는 거란다.

빨리 씻을래요! 난 대머리 되기 싫어요.

하하하!

과학이 물랑말랑

공해만 산성비를 만든다?

자동차의 엔진처럼 높은 온도에서 화석 연료를 태울 때 생기는 질소나 황의 산화물이 공기 중의 수분과 합쳐져서 생기는 비가 산성비입니다. 경우에 따라서는 매우 산성이 강한 경우도 있어요.

사실 공해가 전혀 없더라도 빗물은 약한 산성을 띠고 있다고 해요. 지구의 대기 중에서 끊임없이 발생하는 번개 때문이죠. 전자들이 모인 구름에서 만들어지는 스파크인 번개가 공기 중의 질소 분자들을 깨뜨리면 질소산화물이 생기고, 이것은 질산이 됩니다. 이렇게 만들어진 질산은 비와 함께 지표를 적시게 되죠. 결국 공해가 없더라도 산성비는 내린답니다.

산성도에 따라 바뀌는 꽃의 색깔

장미는 붉은색, 수레국화는 푸른색, 달리아는 검붉은색을 띱니다. 이는 안토시아닌이라는 하하 물질 때문입니다.

어떻게 이 한 가지 물질이 여러 가지의 색깔을 나타낼 수 있을까요? 그것은 바로 안토시아닌은 담겨 있는 용액의 산성도에 따라 색깔이 달리 나타내기 때문이죠. 산성 용액에서는 붉은색이 되고, 중성 용액에서는 보라색이 되며, 수소 이온이 거의 없는 염기성 용액에서는 푸른색을 나타낸답니다.

상식이 사각사각

양배추즙으로 산성도를 알아본다고?

용액의 산성도에 따라서 다른 색깔을 나타내는 물질은 보라색의 양배추 즙에도 들어 있어요. 여러 종류의 색소가 포함된 양배추즙은 용액의 산성도에 따라서 붉은색에서 노란색까지 다양한 색깔을 나타냅니다.

용어 쏙 과학 쑥

질소산화물 : 질소와 산소의 화합물로 석유나 석탄의 연소에 의하여 발생합니다. 발생 원인은 배기가스를 내뿜는 자동차가 대부분을 차지하고 공장 매연과 가정 난방도 그 뒤를 잇지요.

비누로 머리를 감으면?

비누로 머리를 감으면 머리카락이 윤기도 나지 않고 뻣뻣합니다.
샴푸로 감을 땐 그렇지 않은데 비누는 왜 그럴까요?

염기성 대표 선수, 비누

염기는 녹으면 산화 이온을 내놓는 물질을 말합니다. 염기는 우리 생활에 많이 이용되는데 대표적인 것이 비누입니다. 비누는 우리 옷에 묻어 있는 기름기를 씻어 냅니다.

그러나 염기성이 너무 강한 것은 피부를 상하게 한답니다. 염기성 용액은 손가락 끝에 묻혀 비벼 보면 미끈미끈한 느낌이 있으며, 묽은 수산화나트륨, 비눗물, 암모니아수 등이 속합니다.

피부는 약한 염기성을 좋아한대!

피부의 표면은 하나의 막으로 둘러싸여 있습니다. 이 막은 모공에 연결되어 있는 피지선에서 분비되는 피지와 땀이 섞여 만들어진 것입니다.

피지 성분 같은 유분과 수분이 한데 섞여 있으면서 약산성을 유지하므로 이 막을 산성막이라고 부릅니다. 이러한 산성막은 피부를 보호하는 역할을 합니다.

그런데 우리가 사용하는 비누는 염기성입니다. 강염기인 수산화나트륨과 유지를 넣어 만들죠. 따라서 비누를 물로 잘 헹구어 내야 피부 산성막이 회복될 수 있어요. 민감한 피부에는 약산성이나 중성 비누를 사용하는 것이 더 좋답니다.

잿물은 뭘까?

예전에 우리 선조들은 나무를 태운 재를 물에 우려낸 잿물을 세제로 사용하기도 했답니다. 잿물은 염기성을 띠기 때문에 비누와 마찬가지로 빨래를 깨끗하게 할 수 있는 것입니다.

용어 쏙 과학 쏙

수산화나트륨 : 물과 알코올에 잘 녹으며 인조 섬유를 만들거나 화학 약품을 만드는 데 많이 쓰입니다.

속이 쓰릴 때 먹는 약은 어떤 작용을 할까?

속이 쓰리고 신트림이 날 때 먹는 약을 제산제라고 합니다.
제산제는 우리 몸에서 어떤 작용을 할까요?

산성과 염기성은 어떤 관계일까?

용액이 산성인지 염기성인지 알아보려면 수소 이온 농도를 측정하면 되지요. 수소 이온 농도의 측정 단위를 pH(페하)라 하는데 pH값이 7이면 중성, 그보다 작으면 산성, 크면 염기성이에요. 산성과 염기성은 서로 대립되는 성질을 가지는데 서로 만나면 그 성분이 약해져요.

음식을 산성과 염기성으로 구분해 볼까요? 무기질이 많은 채소나 과일은 염기성이고, 아미노산이나 지방이 많아 분해의 산물로 산성 물질을 내놓는 육류는 산성이지요.

중화 반응에 대해 알아볼까요?

우리 주변에는 중화 반응을 이용하는 예가 많습니다. 산성비 때문에 산성화된 토양을 중화시킬 때 석회가루를 뿌린다든지, 산분해 간장을 만들 때 산을 중화시키기 위해 염기를 이용하는 경우, 그리고 공장에서 나오는 이산화황을 석회가루를 이용해 제거시켜 산성비를 막는 것 등이 대표적이죠.

음식을 많이 먹거나 몸에 이상이 생기면 위산이 많이 분비됩니다. 이 경우 제산제를 먹으면 염기성 물질이 남은 위산을 중화시키기 때문에 통증이 줄지요.

벌레 물린 데 침을 바른다고?

벌레에 물렸을 때 가렵고 붓는 것은 곤충의 독물이 피부 밑에 들어가서 염증을 일으키기 때문이에요. 이 염증은 살갗을 빨갛게 변하게 하거나 붓게 하고 열이 나게도 하죠. 이런 벌레에 물린 부위는 약한 산성이기 때문에 이를 중화시켜야 합니다.

이 때 중화제로서는 세균 감염의 위험이 있는 침보다는 염기성 용액인 묽은 암모니아수를 바르는 것이 좋아요. 이 밖에 항히스타민제, 항생제 연고도 도움이 된답니다.

> **용어 쏙 과학 쏙**
>
> **항히스타민제** : 기관지, 천식, 두드러기 따위의 알레르기성 질환에 쓰이는 약제입니다.
>
> **항생제** : 세균 따위의 미생물로 만들어져, 다른 미생물이나 생물 세포의 기능을 저해하는 물질로 이루어진 약제를 말합니다.

산성비의 피해를 줄일 수 있는 방법은?

산성비는 토양을 산성으로 변화시켜 식물이 잘 자라지 못하게 하고, 건물도 손상시킵니다.
어떻게 하면 산성비의 피해를 줄일 수 있을까요?

무서운 산성비!

산성비는 나무를 죽게 하고 물을 오염시킬 뿐 아니라 산과 들을 오염시켜 동식물은 물론 사람에게까지 심각한 영향을 줍니다. 먹이사슬에 의해 중금속이 농축된 벌레를 먹은 동물들이 점차 기형이 되는 결과를 가져오는 것이 바로 이러한 예입니다.

뿐만 아니라 대리석으로 만들어진 건물이나 동상도 산성비의 영향으로 표면이 부식되어 심한 얼룩이 생기기도 합니다.

산성비는 어떻게 줄일 수 있을까?

원자력이나 태양열처럼 유황이 관련되지 않은 에너지원을 개발하고, 청정 연료인 LNG(Liquefied Natural Gas), 즉 액화 천연 가스의 공급을 확대해야 합니다. 또 연소 과정에서 질소산화물이 적게 생기도록 배기 가스의 정화 장치 시설을 늘리고 환경을 오염시키는 가스를 배출하지 않는 전기 자동차, 태양 전지 자동차 등 천연 자원을 이용한 자동차의 개발도 이루어져야 하겠죠.

흙이 산성화되는 것을 막으려면

흙이 산성화되면 식물의 대사에도 영향을 주고, 필요한 영양분의 공급에도 문제가 생기게 되죠. 그렇다면 흙이 산성화되는 것을 막으려면 어떻게 해야 할까요?

뿌리혹박테리아를 가진 콩과 식물을 심으면 공기 중의 질소를 이용해서 염기성의 질소 화합물을 만들어 흙이 산성화되는 것을 막아 주지요.

겨울철 논에 나무를 태운 재를 뿌려 주는 것도 흙을 중화시키고, 필요한 염기성 이온을 공급해 주기 위해서랍니다. 염기성인 암모니아나 석회를 뿌려 주는 것도 같은 이유이지요.

용어 쏙 과학 쑥

석회 : 석회석을 가열해서 만드는 흰 가루인 산화칼슘과 산화칼슘에 물을 부으면 생기는 흰 빛의 가루인 수산화칼슘을 통틀어 이르는 말입니다. 산화칼슘은 토질 개량 등에 쓰이며, 수산화칼슘은 의약품의 제조나 산성 토양을 중화시키는 데 쓰입니다.

방귀가 불에 탈까?

장 속에 있는 공기가 항문을 통해 빠져 나오는 현상을 '방귀'라고 합니다.
그런데 이 방귀가 불에 탈 수도 있다고 합니다.

방귀 얼마나 뀌나?

방귀란 장 속에 있는 공기가 항문을 통해 빠져 나오는 현상입니다. 몸 속에서는 끊임없이 가스가 들어오고, 생성되고, 소모되며, 몸 밖으로 나가는 현상이 반복됩니다. 사람들은 의식하지 못하는 중에 하루 평균 13번 가량 방귀를 뀐다고 합니다.

방귀의 성분은 무엇일까?

방귀에는 400여 종의 가스가 섞여 있다는 검사 결과가 나오기도 했습니다. 질소가 60%~70%를 차지해 가장 많고, 이 외에도 산소, 수소, 이산화탄소, 메탄가스 등이 들어 있어요.

방귀가 냄새나는 이유는 단백질이 주성분인 콩, 고기, 생선 등이 소화되면서 질소와 황을 함유한 물질이 나오기 때문이에요.

방귀에 불이 붙을 수 있는 것은 방귀에 들어 있는 수소와 메탄가스 때문이죠. 메탄가스는 도시 가스의 주요 성분으로 불이 매우 잘 붙는 기체입니다. 그러나 방귀에 불을 붙이는 장난은 매우 위험한 일입니다. 절대 실제로 해서는 안 된답니다.

방귀는 왜 생길까?

대부분의 방귀는 대장에서 발생해요. 간혹 음식물을 삼킬 때 공기가 위 안으로 들어오는데 이 공기가 장으로 내려가 항문을 통해 나가는 일도 있지요.

그러나 방귀의 대부분은 소장에서 흡수되지 않고 대장으로 내려온 여러 가지 음식물이 대장 내에 살고 있는 여러 가지 세균에 의해 분해되면서 생기는 것이랍니다.

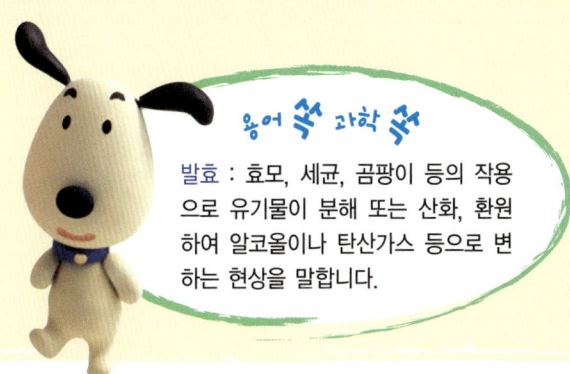

용어 쏙 과학 쏙

발효 : 효모, 세균, 곰팡이 등의 작용으로 유기물이 분해 또는 산화, 환원하여 알코올이나 탄산가스 등으로 변하는 현상을 말합니다.

천둥 소리는 왜 나는 걸까?

먹구름 사이를 뚫고 '번쩍' 번개가 치면 잠시 후에 '쾅' 하는 천둥 소리가 들립니다.
천둥 소리는 어떻게 나는 걸까요?

번쩍번쩍 번개의 놀라운 힘!

공기는 원래 전기가 통하지 않는 물질이죠. 그러나 공기가 불안전할 때에는, 양(+) 전하와 음(-) 전하를 띤 구름과 구름 사이 또는 구름과 지면 사이에 전압이 높아지면서 극히 짧은 시간 동안이지만, 공기 중으로 전류가 흐릅니다. 이 전류의 흐름을 '번개'라고 부르지요.

번개의 전압은 1~10억 볼트에 달하며, 번개가 한 번 칠 때 나오는 전기 에너지는 100와트인데, 이는 전구 10만 개를 1시간 동안 켤 수 있는 양이라고 합니다.

번개의 단짝 친구 천둥

번개가 친 곳에는 순간적으로, 태양의 표면 온도보다 4배나 뜨거운 약 30000°C의 열이 생깁니다. 이 열 때문에 주변 공기의 부피가 급격히 늘어나면서 '쾅'하는 소리가 나는데, 이 소리가 바로 '천둥'입니다. 천둥이 항상 번개가 친 뒤에 나타나는 것은 빛보다 소리의 속도가 느리기 때문입니다.

천둥 소리로 번개가 친 곳을 알 수 있다?!

소리의 속도를 이용하면 천둥 소리로 번개가 친 곳의 위치를 알아 낼 수 있답니다. 번개가 친 뒤 천둥 소리가 나는 데까지 걸리는 시간을 재서, 거기에 소리의 속도(340m/s)를 곱합니다. 그러면 번개가 친 곳까지의 거리를 알 수 있답니다. 천둥 소리는 보통 약 20km까지 들린다고 합니다.

봄의 천둥은 추위를 가져온다!

일기 속담은 통신이나 관측 시설이 미약했던 옛날 사람들이 경험을 바탕으로 만든 것으로, 주로 농부나 어부들이 많이 사용했습니다. 그 중에서도 "봄의 천둥은 추위를 가져온다."는 속담은 천둥이 주로 한랭 전선과 함께 나타나기 때문에 생겨난 말이지요.

용어 쏙 과학 쏙

전하 : 모든 전기 현상의 근본이 되는 물질을 '전하'라고 합니다. 전하는 양(+)과 음(-)의 성질을 가지는데, 이 전하의 분포에 따라 여러 가지 전기 현상이 일어납니다.

전압 : 전기장 또는 도체 내 두 점 사이의 전기적인 위치 에너지의 차를 말합니다. 단위로는 볼트를 사용합니다.

산소는 어떻게 생겨났을까?

지구의 모든 생물들이 숨을 쉬기 위해서는 산소가 꼭 필요합니다.
이러한 산소는 언제, 어떻게 생겨났을까요?

— 아빠, 산에 오니까 상쾌해요!
— 산소가 많아서 그렇지.
— 그런데 산소는 언제, 어떻게 생겨났어요?
— 산소는 아주 오래 전 광합성을 할 수 있는 원시적인 식물이 생긴 후부터 그 양이 증가했다는 추측이 있단다.
— 처음에는 깊은 물 속의 식물이 광합성을 해 산소를 만들어 냈지만, 물에 녹아 버렸지.
— 그 산소가 물에 녹다가 더 이상 녹을 수 없을 만큼 많아지면서 공기 중으로 나오게 되었고,
— 공기 중에 산소 양이 많아지면서 육지 식물이 증가하자, 산소의 양도 더욱 많아지게 되었단다.
— 와~, 그럼 식물은 산소 공장이네요. 앗!
— 나무를 꺾으면 어떡해요? 산소가 없어지면 책임지실 거예요?

산소는 어떤 것인가?

산소는 색깔과 냄새가 없고 물에 잘 녹지 않는 기체입니다. 산소는 자신은 타지 않으면서 다른 물체가 타는 것을 돕는답니다.

대기 중에는 약 78%의 질소와 21%의 산소가 있습니다. 1%는 다른 기체들이구요. 이러한 산소는 공기 중에만 있는 것은 아닙니다. 땅의 암석이나 바닷물, 그리고 우리가 마시는 물이나 음식 게다가 우리 몸 속에도 산소는 있답니다. 그런데 이렇게 흔한 산소를 발견한 것은 그리 오래되지 않았습니다.

1772년 스웨덴의 과학자 K.W 셀레가 처음 그 존재를 안 이후, 1774년 영국의 J. 프리스틀리는 커다란 볼록 렌즈로 여러 물질에 태양 광선을 집중시키는 실험을 하던 중 우연히 산소를 발견하게 되었습니다. 그는 이 기체 안에서 양초가 불꽃을 내면서 더욱 잘 타오르는 것을 관찰하였습니다. 이후 1783년 프랑스의 라부아지에는 실험을 통해 이 기체의 구체적인 성질을 밝혀내고 산소라는 이름을 붙였습니다.

화학교과서를 펴낸 라부아지에

파리에서 출생한 화학자인 라부아지에는 새로운 연소 이론을 확립한 사람으로 유명합니다.
라부아지에는 1789년 '화학 교과서'를 만들어 화학의 체계를 잡는 데 큰 역할을 했어요. 이 책에는 질량보존의 법칙과 원소 개념의 정의 33개로 구성된 원소표가 들어 있답니다.

산소는 우리 생활에 어떻게 이용되나?

바닷속에 들어가는 잠수부나, 우주 비행사 그리고 높은 산을 등산하는 경우, 산소를 이용하지요. 또 어항 속의 공기 주입 장치에도 산소를 사용합니다. 그리고 폐기물 소각과, 호흡용 의료기기 및 항공기에도 사용하지요. 요즘에는 공기 정화 장치에도 산소를 사용하고 있어요. 그 밖에도 산소 용접이나 로켓의 연료, 금속의 제련 등에도 산소가 이용됩니다.

> **용어 쏙 과학 쏙**
> 원소 : 더 이상 분해되지 않는 한 가지의 순수한 물질을 말합니다.

 물질

과자 봉지가 부풀어 있는 까닭은?

탱탱하게 부풀어 있어 푸짐해 보이는 과자 봉지를 뜯어 보면, 생각보다 과자가 조금 들어 있어서 실망한 적이 있을 것입니다. 왜 과자 봉지를 부풀려 놓을까요?

공기 중에 가장 많은 질소

질소는 색깔이 없고, 아무 맛도 느껴지지 않으며, 냄새도 없는 기체입니다. 또한 지구의 대기 가운데 가장 풍부한 기체입니다. 이러한 질소는 자동차용 에어백에 사용되고, 과자 봉지처럼 식품을 포장할 때에도 사용하지요. 기름 탱크 또는 가스관의 청소나 질산 비료를 제조할 때도 사용하는 등 쓰임새가 많아요.

헬륨은 어떤 기체?

상온에서는 무색이며, 비활성 기체이고 다른 원소와 반응하지 않아요. 산소와 혼합해서 심해 잠수 작업용 호흡 가스로 쓰이기도 하고, 기구나 비행선 등의 주입 가스, 의료용 초전도를 이용한 단층 촬영 장치(MRI), 초전도 자기 부상 열차, 초저온 연구용으로 이용된답니다.

연료로 사용되는 기체에는 어떤 것이 있을까?

프로판가스, 부탄가스, 메탄가스 등이 있지요. 프로판가스는 가정이나 음식점 등에서 연료로 쓰이고, 부탄가스는 영업용 택시 등 자동차, 야외용 가스렌지에 쓰이는 연료입니다. 또 메탄가스는 가정용 연료, 발전용이나 산업용 가스보일러의 연료로 사용되지요.

그 밖에 우리 생활에 사용되는 기체는?

급냉동에 이용되는 '액화질소', 전구에 주입하여 필라멘트를 보호하는 '아르곤', 사진 촬영을 할 때 플래시 램프에 사용하는 '크세논', 방전에 의해 붉게 빛나 네온사인에 사용하는 '네온' 등이 있지요.

기체는 우리 생활에 좋은 것만 있을까?

그렇지 않아요. 공기를 오염시키는 기체도 있답니다. 자동차에서 나오는 일산화탄소, 이산화질소, 이산화황, 탄화수소, 프레온가스 등은 우리 몸에 해로운 기체입니다.

단층 촬영 : 몸의 한 단면만을 촬영하는 X선 검사법을 말합니다. 미세한 질병의 변화에 대한 정밀 검사 등에 이용됩니다.

 물질

사과 껍질을 깎아 놓으면 색깔이 왜 변할까?

사과 껍질을 깎아서 공기 중에 놓아 두면, 색깔이 점점 갈색으로 변하는 것을 볼 수 있습니다.
왜 색깔이 변할까요?

애들아! 여기 있었네.

우리 집에 가자!

그래, 좋아!

배고픈데 먹을 거 없어?

내가 깎아 둔 사과가 있어. 기다려~.

으악!

왜 그래?

금방 사과가 썩었나 봐! 색깔이 변했어.

썩은 게 아니야.

사과를 깎아서 공기 중에 놓아 두면 사과의 속이 공기 중의 산소에 닿아서 갈색으로 변하거든.

산소

색깔은 변했어도 맛은 좋은데!

벌써 한 개는 다 먹었네!

갈변이란?

미리 깎아 둔 사과처럼 음식물이 공기 중의 산소와 만나서(산화 반응) 갈색으로 변하는 현상을 말해요. 이것은 산소와 만나면 갈색 물질로 변하게 하는 어떤 성분이 음식물 속에 들어 있기 때문이지요. 음식물이 갈변하면 맛도 없어지고 보기에도 안 좋고 비타민 등도 변화해서 품질이 떨어지게 됩니다. 주로 사과나 배, 감자, 바나나에서 갈변이 잘 일어납니다.

갈변을 막으려면 음식물을 가열해서 갈변을 일으키는 성분을 변화시키거나, 산화 반응이 일어나지 않도록 묽은 소금물이나 설탕물에 넣어 두어 산소를 차단시키면 됩니다. 또 레몬이나 귤, 포도 같은 신맛이 강한 과일들은 갈변이 일어나지 않는다는 점을 이용해서 깎은 과일을 레몬 주스, 오렌지 주스 혹은 식초에 담가 두면 갈변을 방지할 수 있어요.

그러나 이 방법들 모두 갈변을 방지하는 방법일 뿐 이미 갈변한 과일을 원래대로 회복시킬 수는 없답니다.

방부제

방부제는 음식물이 상하는 것을 방지하기 위해 넣어 주는 것으로 정식 용어는 '합성 보존료' 라고 합니다. 즉 제품의 보존성을 높이기 위한 것이지요. 이런 방부제의 이용 범위는 매우 넓어서 식품뿐만 아니라 화장품 및 의약품에까지 사용된다고 합니다. 따라서 방부제는 우리 몸에 해가 없는 것은 물론 식품이나 제품의 품질을 손상시키지 않아야 하겠지요.

용어 쏙 과학 쏙

산화 : 어떤 물질이 산소와 결합하는 현상. 산화에는 느린 산화와 빠른 산화, 두 가지가 있습니다. 느린 산화는 음식물을 냉장고에 보관하지 않고 상온에 오래 두면 상하거나 녹이 스는 현상이며, 빠른 산화는 어떤 물체가 빛과 열을 내면서 타는 현상(연소)을 말합니다.

왜 겨울에는 화재가 많이 날까?

겨울에는 다른 계절에 비해 화재가 많이 납니다.
그 이유는 무엇일까요?

열과 빛을 내며 타요

연소라는 것은 산소 속에서 물질이 산화되어 열과 빛을 내는 현상을 말해요. 다시 말해서 물질이 산소와 빠른 속도로 반응하는 것을 '연소'라고 하죠. 따라서 연소할 때는 반드시 산소가 필요하답니다.

물질이 연소할 때는 열을 내기 때문에 발열 반응이라고 합니다. 그리고 이러한 연소는 아주 빠른 속도로 일어난답니다.

기온과 수증기의 양

공기 중에 수증기의 양이 적으면 건조하다고 하는데, 일반적으로 온도가 내려가면 공기 중에 있는 수증기의 양이 적어져요.

가령 우리 나라는 겨울철에 북쪽의 한랭 건조한 기단의 영향을 받는답니다. 그래서 불을 많이 사용하게 되고 날씨가 건조하기 때문에 불이 쉽게 번지게 되는 것이랍니다.

잘만 쓰면 유용한 물질, 화약

화약은 고체 또는 액체 폭발성 물질로, 일부분에 충격 또는 열을 가하면 순간적으로 물질 전체가 터지게 됩니다. 그리고 화약은 폭발과 함께 다량의 열이 발생하면서 에너지가 발생합니다. 이 에너지는 공업용으로 유용하게 이용하기도 합니다. 이러한 화약류의 폭발은 주로 산화 반응, 즉 연소에 의해서 일어납니다.

국내 최초로 화약 개발한 최무선

일본의 침입이 많았던 고려 시대에 최무선은 독자적으로 화약 제조 기술을 연구하였어요. 그 당시 원나라에서 제조하던 화약은 초석과 유황을 이용한 것이었는데, 고려에서 구하기 어려운 재료였지요.

연구 끝에 최무선은 염초와 유황을 배합하여 최초의 국내산 화약을 만들어 내는 데 성공하였답니다.

염초 : 화약의 원료가 되는 질산칼륨을 이르는 말입니다.

유황 : 황과 같은 말이에요. 냄새가 없고 광택이 있는 황색의 결정으로 화약이나 성냥 따위의 원료로 쓰인답니다.

불이 나면 어떻게 해야 할까?

불이 나면 귀중한 생명과 재산을 잃을 수도 있습니다.
그러니 미리 어떻게 대처해야 할지 알아두는 것이 좋겠지요?

오늘은 소방관 아저씨를 모시고 화재시 대처 방법에 대해서 배우겠습니다.

여러분, 안녕하세요!

만약 불이 나면 여러분은 어떻게 하겠어요?

저요! 불이 나면 무조건 도망가면 됩니다!

하하! 불길을 피해야겠지만, 무조건 도망가면 더 위험할 수도 있어요.

불이 나면 우선 화재 경보 장치를 눌러 다른 사람에게 알리고, 재빨리 119로 신고해야 해요.

간단한 화재는 소화기나 옥내 소화전으로 불을 끄도록 해요.

만약 실내에 연기가 들어오면 수건 등에 물을 적셔 입과 코를 막고, 낮은 자세로 몸을 숙여 대피합니다.

화재 경보다!

앗! 뭐야?

여러분, 침착하세요. 조용!

선생님, 죄송해요. 화재 경보기가 잘 되나 살짝 건드려 봤는데, 그만……

 과학이 말랑말랑

인류를 문명 사회로 이끈 불

불은 인류의 생활에서 중요한 수단이 되어 왔습니다. 인류는 자연 속에서 불이라는 에너지를 통해 따뜻함과 빛을 얻게 되었죠. 또 음식물을 조리할 수 있게 되었고, 도구를 만들고, 금속도 이용할 수 있게 되었어요. 불의 덕택으로 자연을 이용하게 되면서 인류는 오늘날에 이르기까지 점점 발전된 문명 사회를 이루어 낼 수 있었죠.

소화, 어떻게 하는 게 가장 좋을까?

넓은 뜻으로는 저절로 불이 꺼지는 것도 소화에 포함됩니다. 인화성인 액체에 불이 붙었을 때는 그 액체 자체의 온도를 인화점 이하로 냉각시키거나, 물을 더 넣어 농도를 묽게 하여 인화점을 높여서 연소를 막습니다. 불을 끄는 데는 불에 타는 물질을 제거하거나, 산소 공급을 막는 방법이 있습니다. 그리고 온도를 발화점 이하로 낮추는 소화 방법도 있습니다.

일반적으로 화재가 났을 때는 물을 가장 많이 사용하는데, 이는 물이 다른 것보다 열량을 많이 흡수하고 증발할 때에도 주위로부터 많은 열을 흡수하는 성질이 있기 때문이지요.

> **용어 쏙 과학 쏙**
> 발화점 : 물체를 마찰시키거나 가열하여 어느 정도의 온도가 되면 불을 붙이지 않아도 불이 붙어 타기 시작합니다. 이 때의 온도를 그 물체의 발화점이라고 합니다.

 상식이 사각사각

한국소방안전협회
(http://www.kfsa.or.kr)

소방 안전 교육을 수행하는 협회의 홈페이지입니다.
화재 예방에 대처하는 교육 프로그램을 운영하고 있으며 다양한 체험과 실습을 할 수 있는 기자재를 갖추어 교육 서비스를 제공하고 있습니다. 홈페이지를 방문하면 어린이 소방 안전 교육 동영상도 다운로드 받아 볼 수 있어요.

화장지를 태우면 하얀 재가 남는 까닭은?

나무를 태우면 검은 재가 남지만, 화장지를 태우면 하얀 재가 남습니다.
그 이유는 무엇일까요?

완전 연소는 어떻게 이루어지나?

물질이 연소되기 위해서는 충분한 양의 산소와 연소가 시작될 수 있는 최저 온도(발화점) 이상의 조건이 필요합니다. 이 경우 산소와 물질이 결합하여 탄소가 완전 연소되면 물과 이산화탄소가 발생하게 되는 것이죠.

불완전 연소는 왜 일어날까?

물질이 연소되기 위해서는 충분한 양의 산소와 충분한 온도가 필요합니다. 그러나 온도가 낮거나 산소가 부족하면 불완전 연소를 하게 됩니다.
물질이 불완전 연소될 경우 일산화탄소가 발생합니다. 일산화탄소는 독성이 매우 강하답니다. 그리고 완전 연소에 비해 발열량이 적어 연료 손실이 많고 그을음이 생깁니다.

숯은 왜 검정색일까?

숯은 나무를 이용해서 만듭니다. 가마 안에 나무를 넣고 열을 가해서 만들게 되는데 이 때 외부에서 공기가 들어오게 되면 안 되지요. 그러면 모닥불에서 장작을 태우듯이 연소가 일어나서 재가 되고 말죠.
그렇기 때문에 가마에 열을 가할 때 외부의 공기 유입이 없는 상태이어야 숯이 된답니다.
그래서 숯을 구울 동안 가마 입구는 진흙으로 단단히 막아 둡니다.
이렇게 일정 시간이 지나면 탄소만 남는데, 이러한 탄화 과정을 거쳐 숯이 만들어집니다. 숯이 검은색인 이유도 바로 탄소만 남아 있기 때문이에요.

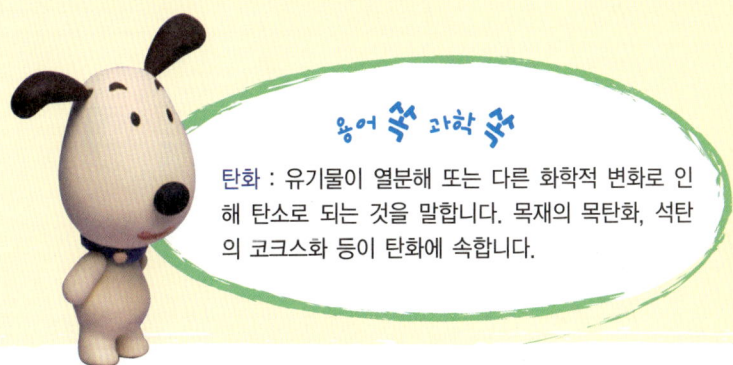

탄화 : 유기물이 열분해 또는 다른 화학적 변화로 인해 탄소로 되는 것을 말합니다. 목재의 목탄화, 석탄의 코크스화 등이 탄화에 속합니다.

뜨거운 난로 위에 떨어진 물은 왜 둥글까?

뜨거운 난로 위에 물이 떨어지면 물방울이 동그랗게 뭉쳐서 통통 튑니다.
뜨거운 난로 위에 떨어진 물은 왜 동그랗게 될까요?

물방울 한 곳으로 헤쳐 모여!

뜨거운 난로 위에 물방울이 떨어지면 서로 끌어당기는 힘인 응집력이 내부에 생겨서 동그랗게 뭉쳐진 채 통통 튀게 됩니다. 그런데 왜 그 물방울은 빨리 증발되지 않는 걸까요? 그것은 바로, 물방울을 둘러싼 수증기 때문에 열이 잘 전달되지 못하기 때문입니다. 그래서 그 안에 뭉쳐진 작은 물방울이 금세 증발하지 못하게 되는 것이랍니다.

응집력을 가장 크게 하는 모양은 어떤 모양일까?

모든 물질은 물질의 무게에 의한 만유인력을 가지고 있습니다. 물의 응집력과 표면장력은 물 분자들 간에 발생하는 만유인력이랍니다. 물질마다 분자의 양이 다르기 때문에 무게도 다르고, 응집력도 다르게 나타나게 됩니다.

응집력의 특징은 닿는 면적은 가장 적게, 부피는 가장 크게 만들려고 하는 성질입니다. 응집력이 가장 클 때의 모양이 바로 구 모양입니다. 실제로 우주 공간에서 물방울을 떨어뜨리면 응집력에 의해 구 모양이 되지만 지구에서는 중력에 의해 바닥에 붙으면서 반구 모양으로 되는 것을 볼 수 있답니다.

표면장력

비누 방울, 액체 속의 기포나 물방울 등이 둥그스름한 구 모양이 되는 것은 표면장력이 액체의 표면에 작용하기 때문입니다. 컵에 물을 가득 담으면 컵의 가장자리에 물이 넘쳐 올라간 모양이 되어도 물이 쏟아지지 않는 것은 물에 표면장력이 작용하기 때문입니다.

물 위에 기름 방울을 떨어뜨리면, 기름 방울이 금방 퍼지는 것을 볼 수 있는데, 이는 물의 표면장력이 기름의 표면장력보다 크고, 기름층이 물의 표면장력에 의해 잡아 늘여지기 때문입니다.

표면장력 : 액체가 서로 당기는 힘에 의해 겉넓이를 되도록 작게 만들려는 성질을 말합니다.

재미가 솔솔~ 과학이 팡팡!

어디, 과학이랑 놀아 볼까? - 신나는 실험!

과학은 어렵고 재미없다고요? 천만의 말씀! 실험에 직접 참여해 보세요. 금새 과학이랑 친구가 될 수 있을 거예요.

실험 하나 - 성냥개비는 천하장사?

이런 게 필요해요
물, 성냥개비

이렇게 해 보세요
1. 성냥개비에 물을 묻혀서 다른 성냥개비에 댄 다음 들어올려 봅니다.
2. 성냥개비의 개수를 하나씩 늘려 가면서, 젖은 성냥개비가 다른 성냥개비를 몇 개나 들어올릴 수 있는지 알아봅니다.

이런 원리가 숨어 있어요
젖은 성냥개비가 다른 성냥개비를 들어올릴 수 있는 이유는 무엇일까요? 젖은 성냥개비를 다른 성냥개비에 대면 그 성냥개비에도 물이 묻게 되면서 물 분자 사이에 응집력이 다른 액체보다 커지게 됩니다. 그러면 성냥개비의 무게를 지탱할 만큼 물과 다른 성냥개비 사이에 부착력이 생기게 되는 것이죠.

실험 둘 - 동전이 반짝반짝

이런 게 필요해요
레몬 주스, 유리컵, 녹슨 십 원짜리(더러워진) 동전 2개

이렇게 해 보세요
1. 동전을 유리컵 속에 넣고 레몬 주스를 동전이 담길 만큼 붓습니다.
2. 1에 동전을 10분 내지 15분 동안 담가 두었다가 건져 냅니다.

이런 원리가 숨어 있어요
동전이 깨끗해진 이유는 레몬 주스의 신맛을 내는 성분 즉, 산이 동전의 녹을 없애는 역할을 했기 때문입니다. 십 원짜리 동전의 주성분은 구리인데, 공기 중의 산소가 구리와 만나면 거무스름한 산화구리를 만들게 되어 동전이 더러워지게 되죠. 하지만 레몬 주스 속에 들어 있는 산은 산화구리로부터 산소를 떼어내는 구실을 하여 동전을 깨끗하게 만들어 준답니다.

실험 셋 - 밀가루로 불꽃놀이를!

이런 게 필요해요
밀가루, 성냥, 양초, 거즈, 숟가락

이렇게 해 보세요
1. 촛불을 켜고, 전등을 꺼서 주위를 어둡게 합니다.
2. 거즈를 두 겹으로 접고 중심에 밀가루를 한 움큼 담은 다음, 거즈의 네 귀퉁이를 모아 손으로 잡습니다.
3. 2를 흔들거나 숟가락으로 쳐서 밀가루를 촛불 위에 뿌립니다.

이런 원리가 숨어 있어요
거즈를 이용하면 밀가루로 불꽃놀이를 할 수 있는데 그 이유는 밀가루가 더욱 고운 가루로 떨어지기 때문입니다. 그러면 공기 중이 산소와 접촉하는 표면적이 넓어져서 산화 반응이 너 빨리 일어나기 때문이지요. 촛불 대신 알코올 램프를 이용하면 더욱 큰 불꽃을 볼 수 있습니다.

실험 넷 - 빨대로 만든 분수

이런 게 필요해요
컵, 물, 빨대, 칼

이렇게 해 보세요
1. 빨대의 3분의 1 부분을 반쯤 잘라 90도로 구부립니다.
2. 컵에 물을 3분의 2쯤 붓고 빨대의 긴 부분을 담급니다.
3. 빨대의 짧은 부분을 입으로 '훅' 하고 붑니다.

이런 원리가 숨어 있어요
빨대로 물이 빨려 올라와 잘라진 부분으로 물이 분수처럼 뿜어져 나오는 이유는 무엇일까요? 그것은 빨대를 세게 불면 빨대 안의 압력이 낮아지게 되어 컵 속에 있던 물이 올라오기 때문으로, 올라오던 물은 잘라진 틈 사이로 새어나가게 됩니다.

훌쩍훌쩍 뛰어넘는 퀴즈 열두 고개

'나'는 무엇일까요? 고개마다 제시된 질문과 대답을 보고 '내'가 누군지 알아맞혀 보세요.

여기서 잠깐! 몇 번째 고개에서 답을 맞추었나요?

- 첫 번째 고개~네 번째 고개 : 과학적 감각이 대단하군요. 지금의 감각을 유지할 수 있도록 앞으로도 꾸준히 노력하세요.
- 다섯 번째 고개~아홉 번째 고개 : 과학적 감각이 있는 편이네요. 좀더 발전할 수 있도록 부족한 부분만 다시 읽어 보세요.
- 열 번째 고개~열두 번째 고개 : 과학적 감각이 조금 부족하군요. 하지만 실망은 금물! 책을 다시 꼼꼼히 읽어 보고 재도전해 보세요.

식물은 우리에게 어떤 이로움을 줄까?

식물은 광합성을 하여 동물과 인간에게 필요한 산소를 만들어 줍니다.
또 식물은 우리에게 어떤 이로움을 줄까요?

식물 없인 에너지도 없다?!

지구에 사는 모든 생물이 사용하는 에너지는 태양 빛에서 오는데, 그것을 이용할 수 있는 생물이 식물 외에는 거의 없습니다. 무기물은 생물들이 에너지로 사용할 수 없지만 유기물은 가능합니다. 식물은 빛을 이용하여 무기물인 물과 이산화탄소로 에너지의 형태인 유기 물질을 만듭니다. 따라서 지구상의 거의 모든 생물은 식물이 만든 에너지를 이용한다고 해도 틀린 말이 아니랍니다. 그래서 식물을 흔히 거대한 에너지의 생산자라고 합니다.

식물, 네 덕에 지구가 숨을 쉰다~!

식물은 지구의 허파 역할을 합니다. 광합성을 통해 산소를 만들어 내니까요. 인간을 비롯한 거의 모든 생물은 산소가 없으면 살 수가 없습니다. 특히 잘 가꾸어진 숲 1ha는 1년간 이산화탄소 16톤을 흡수하고 12톤의 산소를 만들어 냅니다. 보통 한 사람이 하루에 필요로 하는 산소의 양이 0.75kg이므로 1ha의 숲은 44명이 1년간 숨 쉴 수 있는 산소를 공급해 주고 있는 셈이지요.

요리조리 다양한 나무의 쓰임새

식물 중에서도 가장 쓰임새가 많은 것은 뭐니뭐니해도 나무입니다. 오늘날에도 집을 지을 때 나무를 이용하지만 과거에는 나무가 없이 집을 짓는다는 건 상상조차 할 수 없었습니다. 장롱이나 책상과 같은 가구는 아직까지도 대부분 나무로 만들어지고 있으며, 인류가 지금과 같은 문명을 이룰 수 있도록 도와 준 종이 역시 나무에서 그 원료를 얻고 있습니다.

또 최근에는 석유와 같은 화석 연료들이 주에너지원으로 이용되고 있지만 얼마 전까지만 해도 나무로 땔감을 해서 아궁이를 지폈답니다. 또한 염색이나 고무의 원료도 예전에는 모두 나무에서 얻었지요.

> **무기물** : 생활 기능을 갖지 않은 물질을 뜻하는 것으로, 공기나 물, 금 등의 광물류는 물론 이것을 원료로 하여 인공적으로 만들어진 모든 물질을 가리킵니다.
> **유기물** : 살아 있는 생물의 몸을 이루고 그 기관을 조직하는 물질을 말합니다.

숲이 사라지면 어떻게 될까?

지구에서 숲이 점점 사라지고 있다고 합니다.
숲이 사라지면 어떻게 될까요?

대단한 숲의 혜택!

숲은 나무나 풀뿐 아니라, 새나 산짐승, 미생물과 같이 다양한 생물들이 조화롭게 생태계를 이루고 살아가는 곳입니다. 따라서 숲은 단순히 나무나 풀이 뒤엉켜 사는 곳이라기보다는 살아 숨쉬는 커다란 생명체라고 할 수 있습니다.

숲의 역할을 보면 첫째, 거대한 산소 공장입니다. 나무들이 이산화탄소를 마시고 산소를 내뿜는 광합성을 하기 때문이죠. 둘째, 공기 청정기입니다. 대기 중의 먼지를 나뭇잎이 흡수하여 걸러 주니까요. 셋째, 방음벽입니다. 나뭇가지, 잎 등에 나 있는 틈으로 소리를 흡수하여 주지요. 넷째, 숲은 거대한 녹색 댐의 역할을 합니다. 숲의 흙이 스폰지처럼 물을 저장하였다가 천천히 지하로 흘려 보내기 때문이죠. 우리 나라 숲만 해도 1년 동안 약 180억 톤의 물을 저장한다고 합니다.

다섯째, 숲은 재해 방지 센터입니다. 나무 뿌리와 풀, 낙엽, 부러진 가지들이 흙을 끌어 안아 비가 많이 내려도 흙이 흘러내리는 것을 막아 주지요.

그 밖에도 숲은 온도를 조절하고 강한 바람을 막아 준답니다. 또한 야생 동물에게는 보금자리를, 사람에게는 휴식처를 제공해 주지요.

숲은 최고의 건강 식품!

우리가 숲에서 마시는 공기는 산소가 풍부할 뿐 아니라, '피톤치드'라는 천연 식물향이 있어서 우리의 건강을 좋아지게 합니다. 피톤치드는 스트레스 해소, 심폐 기능 강화 등에도 효과가 있으며, 살균 작용이 있어 숲 속의 공기를 더욱 맑게 해 줍니다.

나무 중에도 특히 소나무는 강한 피톤치드를 내뿜는다고 합니다.

피톤치드 : 식물이 주위의 세균으로부터 자신을 지키기 위해 발산하는 일종의 자기 방어 물질로, 식물을 뜻하는 '피토(phyto)'와 죽인다는 뜻의 '치드(cide)'가 합쳐진 말입니다.

 생명

너무 맑은 물에서는 왜 물고기가 살기 어려울까?

물이 맑을수록 물고기도 많을 것 같은데, 오히려 물고기가 살기 어렵다고 합니다.
왜 그럴까요?

생물이 살아가는 데 필요한 것은 무엇인가요?

생물이 살아가는 데 필요한 것은 크게 비생물적 요소와 생물적 요소로 나뉘어집니다. 비생물적인 요소가 빛, 온도, 물, 공기 등 생물을 둘러싼 환경적인 요소를 뜻하는 것이라면, 생물적인 요소는 먹잇감이나 번식, 생존을 도와 주는 생물 등 생물들이 서로 간에 맺고 있는 관계를 뜻합니다.

생태계란 생물이 살아가는 데 필요한 생물적 요소와 비생물적 요소가 상호 작용하면서 균형을 이루는 것을 말합니다. 자연 생태계의 구성원들의 수는 먹이 연쇄에 의하여 조절되기 때문에 대부분 평형이 유지됩니다. 그러나 자연 재해나 환경 오염, 인간의 간섭 등으로 생태계의 평형이 깨지고 그 피해가 오랫동안 지속되는 경우를 가끔 볼 수 있습니다.

＊예 : 미국 애리조나 주의 카이바브 고원에서는 사슴을 보호할 목적으로 사람이 퓨마와 늑대를 사냥했습니다. 그 결과, 사슴의 수는 늘어났지만 사슴의 먹이인 고원의 풀이 부족해 결국 절반 이상의 사슴이 굶어죽는 사태가 일어났다고 합니다. 우리 나라에서는 식용으로 외국에서 들어온 황소개구리가 토송 개구리는 물론 개구리를 잡아먹는 뱀까지 잡아먹어 생태계 파괴의 주범이 되기도 했습니다.

먹이 연쇄, 먹이 그물, 먹이 피라미드

먹이 연쇄는 생물들의 먹고 먹히는 관계를 의미합니다. 생태계에는 약한 것이 강한 것에게 먹히는 약육 강식의 법칙이 존재하는데 그 관계를 표현한 것이라고 할 수 있습니다.

이러한 먹이 연쇄가 복잡하게 얽혀 있는 것이 바로 먹이 그물입니다. 또한 먹이 연쇄의 단계에 따른 생물의 수를 표시하면 피라미드 모양이 나타나는데, 이것이 바로 먹이 피라미드입니다.

생태계의 평형 : 어떤 지역에서 생물의 종류와 수가 일정하게 유지되는 것을 말합니다. 생태계의 평형이 이루어지는 이유는 먹고 먹히는 관계를 통하여 생물의 수가 조절되기 때문입니다.

나무의 나이는 어떻게 알 수 있을까?

베어진 나무를 보면 둥그런 나이테가 있습니다. 이 나이테는 나무의 나이를 나타내는데, 어떻게 나이테를 보고 나무의 나이를 알 수 있을까요?

식물은 성장이 아닌 생장을 한다?

사람이나 동물은 성장을 했다고 말하지만, 식물은 생장을 했다고 말합니다. 성장과 생장은 무엇이 다른 걸까요? 성장은 시간이 지나면서 몸뿐 아니라 정신도 자라는 걸 의미합니다. 그래서 사람에게는 청소년기가 지나 몸이 더 이상 자라지 않더라도 정신력이 자라면 성장했다고 말하지요.

하지만 생장이란 시간이 지나면 지날수록 몸의 크기가 꾸준히 자라나는 걸 말합니다. 식물은 시들어 죽지 않는 한 계속해서 자라니까요.

식물이 자라는 데는 무엇이 필요할까요?

우리 주변의 풀과 나무들이 어떻게 자라고 있는지를 생각해 보면 쉽게 알 수 있을 거예요. 거의 모든 식물은 흙 속에 뿌리를 박고 있습니다. 흙 속에는 식물의 생장에 필요한 물과 각종 영양분들이 녹아 있기 때문이죠.

그러면 흙만 있으면 풀과 나무들이 잘 자랄 수 있을까요? 그건 아닙니다. 공기 안에도 식물의 생장에 필요한 물질들이 들어 있으며, 공기의 온도는 식물의 생장 속도에 큰 영향을 미칩니다. 뿐만 아니라 햇빛이 없으면 식물은 살 수가 없습니다.

따라서 식물이 자라는 데는 흙, 물, 영양분, 공기, 온도 그리고 햇빛이 필요하답니다.

> **용어 쏙 과학 쑥**
> 생장 : 생명 활동을 하는 것 일체를 생장이라고 합니다. 따라서 생명 활동을 위해 세포 분열을 하는 것을 생장이라고 하지요.

주변 환경에 따라 나이테의 모양이 달라진다?

나무 줄기의 나이테에는 중심이 정가운데 위치하지 않는 타원형을 이루는 경우도 많은데, 이는 바람, 햇빛, 지형(경사), 유전적 요인 등에 영향을 받아서라고 합니다. 활엽수는 바람이 불어 오는 방향에서, 침엽수는 그 반대 방향에서 세포 분열이 일어나 나이테의 폭이 넓어진다고 합니다. 또한 가장 영향을 많이 미치는 요인은 지형(경사)인데, 침엽수는 경사면 아래쪽 나이테의 폭이 넓고 활엽수는 경사면 윗부분 나이테의 폭이 넓다고 합니다.

 생명

봄과 가을에 피는 꽃은 왜 다를까?

봄과 가을의 평균 기온은 별로 차이가 없습니다.
그런데 봄과 가을에 피는 꽃이 다른 이유는 무엇일까요?

식물은 어떻게 계절을 알고 꽃을 피우지?

식물은 계절의 변화를 온도와 밤낮의 길이로 알아 냅니다. 봄에 피는 꽃은 대개 꽃눈이 따뜻한 기온을 느끼면 이를 신호로 여겨 피어납니다. 그래서 그 해 겨울 날씨가 따뜻하면 벚꽃이 일찍 피어나는 거지요.

그런데 사과, 배, 백합, 튤립 등 대부분의 봄꽃들은 겨울의 추운 날씨를 겪지 않으면 꽃을 피우지 않는다고 합니다. 또 어떤 식물은 밤낮의 길이 변화를 재서 일 년 중 정확한 날짜에 꽃을 피웁니다. 그 역할은 잎에 있는 '피토크롬'이라는 색소가 담당하지요. 무궁화는 점점 짧아지는 밤의 길이를 재서 한여름에 꽃을 피우고, 국화는 길어지는 밤을 신호로 꽃을 피우게 됩니다.

물론 예외도 있지요. 고추와 수박은 어느 정도 나이가 들면 연중 어느 때라도 꽃을 피운다고 합니다.

죽기 전에 딱 한 번 꽃을 피우는 대나무

대나무는 보통 100년 정도를 삽니다. 그런데 죽기 전에 딱 한 번 꽃을 피운다고 합니다. 그 이유는 무엇일까요?

몇 가지 이유가 있는데 그 중 하나가 땅 속 영양분과 관련된 것입니다. 대나무는 꽃이 아닌 죽순으로 번식을 합니다. 죽순은 하루에 60cm에서 빠른 것은 1m도 넘게 자라기 때문에 항상 많은 영양분을 원합니다. 그러다 보니 많은 대나무가 한 곳에서 오랫동안 번식하면 땅 속의 영양분이 부족하게 되지요. 더 이상 죽순으로 번식하는 게 힘들어진 대나무는 일제히 꽃을 피운다는 것입니다. 결국 대나무 꽃은 자신의 씨를 남기고 죽고자 하는 대나무의 마지막 몸부림인 것입니다.

용어 쏙 과학 쏙

죽순 : 대나무의 땅속줄기 마디에서 돋아나는 어리고 연한 싹입니다.
피토크롬 : 빛을 흡수하는 식물체 내의 색소 단백질입니다.

박쥐는 왜 새가 아닐까?

박쥐는 동굴의 천장에 거꾸로 매달려 있기도 하고, 밤하늘을 날아다니기도 하는데 새가 아니라고 합니다. 왜 그럴까요?

생물이란?

자연에는 생물과 무생물이 있지요. 그런데 생물은 동물, 식물로 크게 나누거나 동물, 식물, 미생물 세 가지로 나누기도 합니다. 지구상에 있는 생물은 150만 종이 넘는다고 하는데 모두 생식, 유전, 호흡 같은 공통적인 현상을 갖습니다.

척추 동물은 어떻게 나뉠까?

생물은 척추가 있느냐 없느냐에 따라 척추 동물과 무척추 동물로 나뉘고, 척추 동물은 몸의 특징에 따라 다시 어류와 양서류, 파충류와 조류, 포유류로 나누어집니다. 어류는 아가미로 호흡하고 지느러미가 있으며 물에서 알을 낳는 동물이죠. 붕어, 상어 등 흔히 물고기라고 말하는 것들이 이에 속합니다. 양서류란 허파와 피부로 호흡하며, 물과 육지에 사는 동물로, 번식을 위해 알을 낳지요. 개구리, 두꺼비 등이 이에 속하죠.

그럼 파충류는 뭘까요? 허파로 호흡하고 육지에 살면서 알을 낳는 동물을 말합니다. 뱀, 악어, 도마뱀 등이 속하죠. 조류란 허파로 호흡하며 깃털과 날개가 있는 동물로, 참새, 비둘기, 독수리 등 흔히 새라고 부르는 동물들입니다.

마지막으로 포유류는 새끼를 낳아 젖을 먹이는 동물이에요.
사람, 토끼, 소, 말, 개 등이 여기에 속하지요.

고래도 포유류?

하늘을 나는 박쥐가 포유류인 것처럼 물 속에 사는 고래도 포유류랍니다. 고래 역시 새끼를 낳아서, 젖을 먹여 기르죠. 대부분의 포유류는 시각, 후각, 청각 등이 고루 발달해 있는데, 고래는 오랜 수중 생활 때문에 시각과 후각이 퇴화되었습니다. 대신 먹이를 찾거나 서로 간의 의사 소통을 할 때는 음파를 사용하지요.

 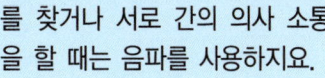

아가미 : 물에 사는 동물의 호흡기관으로 물에 녹은 산소를 몸 속에 들여보내고, 몸 속에 생긴 이산화탄소를 몸 바깥으로 내보내는 일을 합니다.
음파 : 소리로서 느껴지는 파동으로 전달하는 물질에 따라 전파속도가 다릅니다.

동물은 왜 충치가 생기지 않을까?

사람은 음식을 먹고 이를 닦지 않으면 이가 썩는데, 동물은 이빨을 닦지 않아도 이빨이 썩지 않는다고 합니다. 왜 그럴까요?

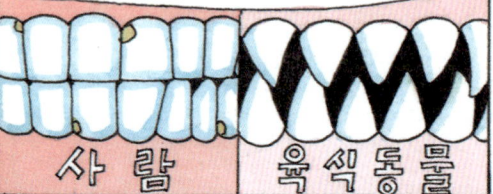

 과학이 말랑말랑

포유류 나누기

포유류는 크게 초식 동물과 육식 동물로 나눌 수 있습니다. 이 차이는 이름에서도 알 수 있듯이 풀을 주로 먹느냐, 고기를 주로 먹느냐에 따라 구분된 것입니다. 초식 동물에는 토끼, 소, 염소 등이 있으며, 육식 동물에는 호랑이, 사자, 고양이 등이 있죠. 대개 초식 동물은 온순하고 겁이 많은 편이고, 육식 동물은 사납고 민첩한 편입니다.

초식 동물 대 육식 동물

초식 동물과 육식 동물은 먹이가 다르기 때문에 소화와 관련된 기관들이 모두 다릅니다.

첫째, 장의 구조가 다릅니다. 섬유질이 많은 풀을 먹는 초식 동물은 오랜 시간에 걸쳐 서서히 소화되고, 소화된 영양소가 흡수되어야 하기 때문에 장의 길이가 보통 6~7m로 깁니다. 반면 섬유질이 적고 단백질이 많은 고기를 주로 먹는 육식 동물은 짧은 시간 동안 영양을 흡수할 수 있게 장이 보통 2~3m로 짧습니다.

둘째, 이빨의 생김새가 다릅니다. 거친 음식을 씹어야 하는 초식 동물은 어금니가 맷돌 모양을 하고 있으며 앞니가 발달했지요. 그런데 질긴 음식을 먹는 육식 동물은 송곳니가 예리해 고기를 찢기에 알맞으며, 어금니는 위아래가 잘 맞닿아 있어서 고기를 씹고 자르기에 적당하지요. 이 외에도 초식 동물은 주위를 경계하기 알맞도록 머리의 양쪽에 눈이 있으며, 육식 동물은 먹이를 겨냥한 후 쫓아가기에 알맞도록 머리의 앞쪽에 눈이 있답니다.

> 용어 쏙 과학 쏙
> 충치 : 일반적으로, 입 안에 있는 세균이 설탕, 밥 등의 탄수화물을 분해하면서 생기는 산에 의해 치아가 녹는 과정을 말합니다.

 상식이 사각사각

사람의 치아와 장의 구조

사람의 치아와 장의 구조는 초식 동물과 육식 동물 중 어디와 더 가까울까요? 정답은 초식 동물입니다. 사람은 장의 길이가 보통 6~7m로, 이 또한 곡식과 채소를 갈아 먹기 좋은 맷돌 형태이기 때문입니다. 그렇기 때문에 지나치게 육식에 편중된 식사를 할 경우, 변비나 비만, 장에 탈이 생기는 경우가 많은 것이랍니다.

심하게 운동한 다음 날 다리가 아픈 이유는?

운동회를 한 다음 날이나 등산을 다녀온 다음 날이면 다리가 몹시 당기고 아픕니다. 왜 그럴까요?

몸의 움직임을 담당하는 근육

근육은 우리 몸에서 움직임을 담당합니다. 다리를 사용해 걷거나 뛰고, 팔을 움직여 굽혔다 펴는 일도 근육이 하는 일이지요. 또한 먹은 음식물을 씹어서 삼키고 소화관을 통하여 내려보내는 일, 마신 공기를 허파에 넣었다가 불어 내는 일, 혈액을 순환시키는 일, 말을 하고 노래를 부를 때 성대를 움직이는 일 등도 보이지 않는 가운데 일어나는 근육의 움직임이라고 할 수 있습니다.

젖산이 생기면 왜 다리가 아플까?

우리가 운동할 때는 근육을 사용하는데, 이렇게 근육을 사용할 때에는 에너지가 필요하지요. 이 에너지는 음식물을 소화시키면서 산소와 함께 결합시켜 얻을 수 있어요. 그러나 갑자기 100m 달리기와 같이 격렬한 운동을 하면 근육에 에너지를 빨리 공급하기 위해 산소 없이 영양소가 분해되는데, 이 때 젖산과 같은 노폐물이 근육에 남아 있게 되는 것이죠. 그래서 근육이 움츠러들거나 늘어나는 운동을 할 때 방해하게 되어 뻐근하거나 아프게 만드는 거예요.

사람보다 힘센 벌새의 근육

말벌과 몸집이 비슷할 정도로 작은 새인 벌새는 엄청나게 빠른 속도로 날갯짓을 하면서 날아갑니다. 벌새는 어떻게 빠른 속도로 날 수 있을까요?
연구 결과, 벌새가 내는 힘은 근육 1kg당 133와트이고, 인간이 내는 힘은 1kg당 15와트라고 합니다. 벌새의 근육이 가진 힘은 사람보다 약 9배나 강하다는 소리지요. 작은 고추가 맵다더니, 조그만 벌새지만 정말 대단하죠?

> **용어 쏙 과학 쏙**
> 젖산 : 근육, 혈액 속에 존재하며 심한 운동에 의해 증가합니다.

 생명

배에서 '꼬르륵' 소리는 왜 날까?

조용한 교실에서 수업 중에 배에서 '꼬르륵~ 꼬르륵~' 소리가 나서 창피할 때가 있습니다. 이런 소리는 왜 날까요?

꼬르륵 소리의 정체!

우리 몸 안에서 음식물의 소화는 주로 위와 창자가 담당합니다. 위나 창자는 오므라들었다 늘어났다 하는 운동을 반복하면서 음식물을 보내는 일을 합니다. 그러나 위나 창자 속에 음식물이 아무것도 없으면 비어 있는 상태에서 계속 운동을 하게 됩니다. 그래서 여기에 남아 있는 소화액이나 공기 등이 이리저리 움직이면서 '꼬르륵' 하는 소리를 내게 되는 것이죠.

위는 어떤 일을 할까?

우리 몸에 들어온 음식물은 입을 통해 식도, 위를 지나 소장과 대장을 거치면서 소화됩니다.
위는 30초마다 운동을 하는데, 이 운동을 통해 식도로 들어온 음식물을 더 잘게 부수는 일을 합니다. 이 때 위벽에서는 위액이 나오며, 이 위액에는 펩신과 염산이 들어 있습니다. 이 중 펩신은 주로 단백질을 분해하는 소화액이며 염산은 세균을 죽이는 일을 한답니다.

위가 싫어하는 음식, 좋아하는 음식

단단하고 잘 씹기 어려운 것, 지방이 많은 것, 볶은 음식, 튀긴 음식 등 기름으로 요리한 것 등은 위에 머무는 시간이 길어 위에 부담을 준다고 합니다.
반면, 식이섬유가 많고 부드러운 음식이나 기름을 사용하지 않고 끓이거나 굽거나 찐 음식들은 위에 머무는 시간이 짧아 위에 부담이 적습니다. 그러므로 기름기가 많은 인스턴트 식품들은 위가 정말 싫어하겠죠?

소화액 : 음식의 소화를 돕는 액체를 말합니다. 그 종류로는 침샘에서 분비되는 침, 위샘에서 분비되는 위액, 간에서 분비되는 쓸개즙, 이자에서 분비되는 이자액, 장에서 분비되는 장액이 있습니다.

아침과 저녁에 키가 달라지는 까닭은?

아침과 저녁에 각각 키를 재어 보면 아침에 키가 더 큽니다.
왜 아침에 키가 더 클까요?

충격 스펀지, 물렁뼈!

인간이 팔과 다리를 자유롭게 움직일 수 있는 것은 뼈와 뼈 사이가 관절로 연결돼 있기 때문이지요. 관절을 만드는 두 개의 뼈 끝을 보면 한쪽은 볼록하고 다른 한쪽은 오목한 모양을 하고 있지요. 그리고 이 곳을 양쪽 모두 연골(물렁뼈)이 덮고 있는데, 외부의 충격을 막아 주고, 뼈 끝끼리 서로 부딪치지 않게 해 주죠. 척추뼈 안에도 물렁뼈가 들어 있는데, 이 물렁뼈는 낮에 활동하는 동안에는 눌려 있다가 밤이 되면 원래의 상태로 돌아옵니다. 그래서 아침과 저녁에 키가 다른 것이랍니다.

우리 몸의 뼈는 무슨 일을 할까?

성인의 뼈는 모두 206개. 그러나 모든 뼈가 같은 일을 하는 것은 아닙니다. 각 부위의 뼈마다 각각 주어진 임무가 다르지요.

뼈가 하는 가장 중요한 일은 우리 몸을 지탱하는 기둥의 역할을 하는 것이죠. 그러나 두개골 뼈는 뇌를, 갈비뼈는 내장을 보호하는 것처럼 신체의 중요한 기관을 보호하기도 합니다. 또 칼슘이나 인과 같은 무기질을 우리 몸에 공급하고 저장하며, 적혈구나 백혈구를 만들기도 합니다.

용어 쏙 과학 쑥

적혈구 : 백혈구와 함께 혈액세포의 하나로 몸 속의 산소를 운반하며 붉은색을 띱니다.
백혈구 : 적혈구와 함께 혈액세포의 하나로 모양이 일정치 않으며 몸 속으로 침투하여 세균을 잡아먹는답니다.

키 크고 싶으면 꼭 알아두자

성장판은 팔, 다리, 손가락, 발가락, 손목, 팔꿈치, 어깨, 발목, 무릎, 대퇴골, 척추 등 신체의 뼈 중 관절과 직접 연결되어 있는 긴 뼈의 끝부분에 있어요. 이 부분이 성장하면서 키가 자라게 되지요. 키가 크고 싶다면 뼈를 튼튼히 만들 수 있게 칼슘이 들어 있는 음식을 많이 먹어야 해요. 농구나 수영, 스트레칭 같은 운동도 키가 크는 데 도움을 주는데, 하루 7시간 이상 충분히 잠을 자야 한다는 것도 잊지 마세요.

 생명

오줌을 누고 나면 왜 몸이 떨릴까?

사람은 누구나 오줌을 눕니다. 오줌을 누고 나면 자기도 모르는 사이에 몸이 떨립니다. 이유가 무엇일까요?

물이 2% 부족할 때?!

우리 몸에서 물은 체중의 약 70%를 차지합니다. 이 중 2%만 부족해도 심한 갈증을 느끼게 되고, 10%만 없어져도 생명을 위협받게 됩니다. 또한 물은 영양소와 노폐물을 운반하는 아주 중요한 역할을 합니다.

따라서 수분 조절은 생명을 유지하는 데 매우 중요한데, 이를 담당하는 기관이 바로 신장입니다. 그래서 물의 섭취량이 부족하면 오줌으로 배설되는 양도 줄고, 반대로 물의 섭취량이 많으면 오줌으로 배설되는 양도 늘어나지요. 성인은 보통 호흡, 땀, 오줌 등을 통해서 하루에 약 2,500cc의 물을 배출한다고 합니다.

오줌은 어떻게 나오는 거지?

물의 배설을 담당하는 신장은 '사구체'와 '세뇨관'으로 구성되어 있습니다. 사구체에서 걸러진 노폐물들은 세뇨관이라는 가느다란 튜브를 통과하는 것이지요. 이 때 우리 몸에 필요한 성분들이 재흡수됩니다. 그런 다음, 나머지 노폐물들을 '신우'라는 오줌의 집합소로 운반되지요. 이렇게 모여진 오줌은 신우에 잠깐 머물렀다가 수뇨관을 통해 방광으로 가서 최종적으로 우리 몸 밖으로 나온답니다.

칼을 만드는 데 웬 오줌?

철을 높은 온도에서 망치로 두드린 다음, 더욱 튼튼한 칼을 만들기 위해서 담금질을 합니다. 이 때 물보다 오줌을 넣으면 훨씬 더 강한 철을 만들 수 있다 하여 유럽에서는 칼을 만드는 데 사람의 오줌을 사용하기도 했답니다.

또 옛날 우리 조상들은 삭은 오줌을 비누로 썼다고 합니다. "삼국지"의 '위지동이전'에 따르면 집집마다 오줌으로 손을 씻고 세탁을 했다는 기록이 있으며, 조선 시대 "규합총서"라는 책에도 오줌으로 빨래를 했다는 기록이 있습니다. 사실 오줌의 성분 중 하나인 암모니아는 찌든 때를 없애 주는 작용을 하는데, 그 옛날에도 이를 알고 있었다니 정말 대단하지요?

> **용어 속 과학 속**
> 배설 : 동물이 영양소를 분해할 때 에너지 이외에 여러 가지 노폐물이 함께 생기는데, 이를 몸 밖으로 내보내는 것을 배설이라고 한답니다.

 생명

멍이 드는 이유는?

넘어지거나 부딪치면, 다친 부위에 시퍼런 멍이 듭니다.
멍은 왜 생길까요?

모세혈관은 무슨 일을 할까?

우리 몸에서 혈액이 흐르는 곳을 '혈관'이라고 합니다. 이 중 모세혈관은 지름이 8~20㎛인 작은 혈관을 말하는 것으로, 우리 몸 구석구석까지 뻗어 있습니다. 우리 몸 중 특히 폐, 간, 신장과 같은 곳은 아주 많은 모세혈관으로 둘러싸여 있지요.
모세혈관은 작은 세포에까지 산소와 포도당, 아미노산과 같은 영양을 공급해 주고, 필요 없는 노폐물들을 몸 밖으로 버릴 수 있도록 운반해 주는 역할을 한답니다.

동맥과 정맥 확실히 구별하기!

심장에서 나온 피는 동맥이라는 혈관을 통해 나옵니다. 이렇게 나온 혈액은 모세혈관을 통해 온몸을 돌다가 정맥을 통해 다시 심장으로 들어가지요.
우리 몸에 신선한 혈액을 공급해 주는 동맥은 쉽게 다치지 않도록 주로 몸 속 깊은 곳에 있고, 혈관벽도 두껍습니다.
이에 비해 정맥은 몸의 표면 가까이에 있고, 동맥보다 혈관벽도 얇습니다. 이러한 정맥은 혈액이 거꾸로 흐르지 않게 하기 위해 '판막'이라는 얇은 막을 가지고 있답니다.

모세혈관의 길이는 마라톤 코스의 2,800배

모세혈관의 길이는 40,000~95,000km에 이릅니다. 마라톤 코스의 무려 최대 2,800배에 달한다고 하니, 정말 엄청나죠? 이러한 모세혈관은 혈관벽이 얇고, 한 겹 구조로 되어 있습니다. 따라서 이 벽을 통해 산소와 영양분이 쉽게 드나들 수 있습니다. 혈액이 흐르는 속도도 동맥이나 정맥에 비해 느리답니다.

모세혈관 : 동맥과 정맥을 연결해 주는 혈관으로, 그물처럼 우리 몸 곳곳에 퍼져 있습니다. 가는 것은 적혈구 1개가 겨우 통과할 정도로 가늘지만, 늘어났다가 줄어들었다 하는 수축성이 뛰어납니다. 백혈구는 오직 모세혈관의 벽을 통해서만 세포로 이동할 수 있습니다.

재미가 솔솔~ 과학이 팡팡!

과학자에겐 뭔가 특별한 일이 있다?!

인류 발전에 이바지한 위대한 과학자들의 삶은 뭐가 달라도 달랐대요!
과학자에 얽힌 별난 이야기들을 한번 들어 보아요.

자신의 학설처럼 경쟁에서 살아남은 다윈

다윈은 적자 생존을 기본으로 하는 '자연선택설'을 통해 진화론을 확립한 학자입니다. 인간 역시 신이 창조한 것이 아니라 고등 동물에서 진화한 것이라는 그의 주장은 당시로서는 혁명과도 같았습니다. 그런데 당시 그와 똑같은 이론을 정리한 사람이 또 있었답니다.

바로 월리스라는 생물학자인데, 그는 1858년 다윈에게 자신의 이론에 의견을 달아달라는 편지를 보냈습니다. 깜짝 놀란 다윈은 월리스와 함께 린네학회에서 공동으로 자연선택설 이론을 발표했습니다.

그런데 오늘날 월리스라는 이름은 역사 속에 묻혀 버리고 말았습니다. 그 이유는 그들의 학설처럼 적자 생존에 따른 자연 선택적인 것이었다 말할 수 있습니다. 다윈은 월리스보다 나이도 많았고, 가문도 좋았으며, 이듬해인 1859년 "종의 기원"을 즉시 출판하여 그의 이름을 먼저 알렸습니다. 그리고 사실 월리스보다 훨씬 방대하고 충실한 자료와 증거를 제시하였다고 합니다.

- **자연선택설** : 생물이 뭔가 노력해 진화를 이루어 온 것이 아니라 자연(환경)에 의해 생물에 변화가 이루어져 왔기 때문에 결과적으로 진화한 것처럼 보여진 것이라는 학설입니다.

실수(?)로 페니실린을 발견한 플레밍

페니실린은 난치병을 고쳐 많은 사람들의 목숨을 구한 위대한 발견 중 하나로 손꼽힙니다. 그런 페니실린이 1928년 아주 우연히 세균학자인 플레밍의 실수에 의해 발견되었답니다.

당시 플레밍은 어린이들에게 흔하던 부스럼의 원인인 포도 모양의 병균을 연구하던 중이었습니다. 그는 젤리(젤라틴)가 깔린 7~8개의 실험용 유리 접시 가운데 유독 한 개에만 푸른곰팡이가 생긴 것을 발견했습니다. 그것은 병균을 현미경으로 관찰한 뒤 깜빡 잊고 접시 뚜껑을 열어 놓았기 때문이었습니다. 그는 실수를 깨닫고 접시를 치우려다가 접시 위에 잔뜩 퍼져 있던 포도 모양의 병균이 말끔히 사라진 것을 발견했습니다. 그 뒤 푸른곰팡이 연구에 몰두한 끝에 페니실린을 얻어내는 데 성공합니다.

사실 푸른곰팡이는 그 종류가 650여 가지나 되고, 변형된 종만 몇 천 가지가 넘지만 정작 페니실린의 원료가 될 수 있는 건 몇 종류에 지나지 않는다고 합니다. 그러니 플레밍의 실수에 때맞춰 페니실린의 원료가 되는 푸른곰팡이가 날아왔다는 것은 굉장한 우연이 아닐 수 없지요.

저능아로 오해받아 따돌림 당한 에디슨

에디슨은 세계에서 가장 많은 것을 만든 발명가입니다. 그가 발명해 특허를 얻은 것만 해도 천여 가지라고 하니 정말 대단하죠? 그런 에디슨도 어렸을 때는 엉뚱한 행동을 많이 해 부모님을 당황하게 만들곤 했습니다.

초등학교에 입학한지 3개월 만에 퇴학을 당하기도 했지요. 궁금한 것을 참지 못하고 물어 보는 에디슨을 선생님과 아이들은 저능아라고 따돌렸고 에디슨도 차츰 학업에 흥미를 잃었기 때문이었어요.

그 후 에디슨은 어머니로부터 학교 교육을 받았는데, 어머니는 그의 풍부한 상상력과 호기심을 무시하지 않고 최대한 받아 주었다고 합니다. 또한 그는 일생을 '천재란 1%의 영감과 99%의 땀이다.'라는 믿음을 가지고 끊임없이 노력하며 살았다고 합니다. 어머니의 사랑과 끈질긴 노력이 있었기에 학교도 제대로 나오지 못한 그가 지금과 같은 발명왕이 될 수 있었던 것이죠.

손으로 번개를 잡은 프랭클린

프랭클린은 작가이자, 정치가로 잘 알려진 사람입니다. 하지만 인류 발전에 공헌한 위대한 과학자이기도 했습니다. 그는 지진의 원인을 연구해 발표하는가 하면, 고성능의 난로를 발명했으며, '양전하'와 '음전하'라는 용어를 처음 사용하기도 했습니다.

특히 천둥과 번개가 치는 빗속에 연을 띄워 번개가 전기와 같은 에너지 형태라는 것을 증명했던 1752년의 실험은 아주 유명하죠. 실험 당시 그는 번개를 끌어들이기 위해 철사로 연줄을 매달

아 연을 띄웠습니다. 철사줄에 달린 열쇠에 직접 손을 가져다 대었고 스파크가 일어나자 열쇠를 충전지(축전지)에 연결시켰습니다.

그러자 보통의 충전지와 똑같은 효과가 나타났다고 합니다. 프랭클린은 이 실험을 통해 가는 쇠막대의 한쪽 끝을 축축한 땅에 묻고, 다른 끝을 건물 지붕 위에 솟게 설치하는 피뢰침을 발명해 냈습니다.

오늘날 우리가 번개가 쳐도 마음놓고 건물 안에 있을 수 있는 건 프랭클린 덕분이랍니다.

- 피뢰침 : 번개의 피해를 막기 위해 지붕이나 굴뚝 따위에 세우는 금속 막대를 말합니다.
- 축전지 : 전기 에너지를 화학 에너지로 바꾸어서 모아 두고 필요할 때 전기 에너지로 쓰는 장치입니다.

두근두근 궁금한 O, X 미로 퍼즐

다음 문장을 읽고 맞으면 O, 틀리면 X에 동그라미 표시해 보세요. 그런 다음, 지그재그 미로를 따라가 보면 답을 확인할 수 있답니다.

- 박쥐는 새에 속합니다. (O, X)
- 멍이 생기는 이유는 모세혈관이 터져 피가 고여 있기 때문입니다. (O, X)
- 아주 맑은 물에서는 물고기가 살 수 없습니다. (O, X)
- 오줌을 누면 몸이 떨리는 것은 혈압을 조절하기 위해서입니다. (O, X)
- 배에서 나는 꼬르륵 소리는 배 안에 가스가 차서 나는 것입니다. (O, X)

답: X 박쥐는 조류가 아니라 포유류에 속합니다. 귓바퀴가 있고 알이 아닌 새끼를 낳아 젖을 먹여 키우기 때문입니다.

답: O 부딪혔을 때의 충격으로 모세혈관이 터져서 피가 고여 멍이 생기는 것입니다.

답: O 너무 맑은 물에는 먹이인 플랑크톤이 거의 없기 때문에 물고기가 살기 어렵습니다.

답: X 속이 비었을 때 위나 창자가 움직이면 그 안에 있는 공기도 움직여 꼬르륵 소리가 나는 것입니다.

답: X 오줌이 몸 밖으로 나가면 체온이 떨어지므로 열을 내어 체온을 조절하기 위해 몸을 움직이는 것입니다.

기압을 처음으로 발견한 사람은?

지구는 공기로 둘러싸여 있습니다. 이 공기가 누르는 힘이 바로 '기압'입니다.
기압을 처음으로 발견한 사람은 누구일까요?

으랏차차! 후~, 압, 빠샤!

뭐 해?

나만의 기압을 만드는 중이야.

하하하! 그건 기압이 아니라 기합이잖아.

어? 그런가? 그럼 기압은 뭐야?

기압은 공기가 누르는 힘을 말하는 것으로, 이탈리아의 물리학자 토리첼리가 처음 발견했어.

한쪽이 막힌 1m의 유리관에 수은을 가득 채워 넣고,

← 토리첼리

그 유리관을 거꾸로 세웠더니 수은이 밀려 내려 오다가 약 76cm 높이에서 멈춘다는 사실을 알았지.

약 76cm

이 사실로 공기가 누르는 힘, 즉 기압이 존재한다는 것을 알게 되었어.

120

높은 산에서 밥이 잘 되지 않는다고?

기압이란 공기가 지표면을 누르는 힘을 말합니다. 공기의 무게 때문에 공기의 압력이 생기게 되는 거죠. 높은 산에서 밥을 해 보면 밥이 잘 되지 않는답니다. 그 이유는 높은 산일수록 공기가 희박하여 기압이 낮아서 물이 쉽게 끓어 쌀이 익기도 전에 증발해 버리기 때문이죠.

기압과 우리의 몸

우리 몸의 감각 기관은 지구 표면의 기압에 맞도록 조절되어 있기 때문에 기압을 느끼지 못하는 것이라고 해요. 지구에서 우리 몸을 누르는 압력만큼 우리 몸도 같은 힘으로 공기의 압력을 밀어 내고 있기 때문에 기압을 느끼지 않고 사는 거죠.

그런데 우주 공간으로 간다면 어떻게 될까요? 우주에서는 공기가 매우 희박하기 때문에 외부에서 몸을 누르는 힘이 매우 약해지게 됩니다. 그렇게 되면 우리 몸도 균형을 맞추려고 몸이 팽창하게 되죠. 그것을 막기 위하여 우주인들은 일반적인 옷이 아닌 특수하게 만든 우주복을 입는 거랍니다.

기압의 발견

1643년 이탈리아 물리학자 토리첼리는 유리관에 채운 수은 기둥의 실험으로 기압 개념을 확립하였어요. 또 1647년에 프랑스의 물리학자이자 수학자인 파스칼은 높이 올라갈수록 기압이 낮아짐을 실험으로 발견하였지요.
그리고 1650년에 독일의 게리케는 진공으로 밀착시킨 반구는 잘 떨어지지 않는다는 것을 밝힌 실험을 통해 대기압의 존재를 확인하게 되었답니다.

> **용어 쏙 과학 쏙**
> 진공 : 공기 같은 물질이 전혀 없는 공간을 말합니다.
> 헥토파스칼 : 기압을 나타내는 국제 단위입니다. hPa라고 기호로 나타내죠.

아침 무지개는 비가 오고 저녁 무지개는 맑다?

속담에 '아침 무지개가 뜨면 비가 오고, 저녁 무지개가 뜨면 날씨가 맑다'는 말이 있습니다.
정말 맞는 말일까요?

무지개가 생기는 이유

소나기가 내리고 나서 갠 하늘에 무지개가 나타나는 현상을 본 적이 있나요? 무지개는 태양이 떠 있는 하늘의 반대편에 나타납니다. 태양의 반대편 하늘의 물방울들이 프리즘 역할을 하게 되어 무지개가 나타나는 거랍니다.

온도는 왜 변하는 걸까요?

태양열이 지구를 둘러싸고 있는 공기를 데워 주기 때문에 태양열을 많이 받는 낮이 밤보다 기온이 높고, 여름철의 기온이 또한 높은 것입니다.
이처럼 태양의 일조량이 변하는 원인은 지구가 자전을 하기 때문입니다. 즉, 지구는 자전축이 기울어진 채로 자전하기 때문에 하룻동안에도 기온이 달라지게 되는 것이죠.

프리즘으로 일곱색을 볼 수 있는 이유는?

빛이 프리즘을 통과할 때는 색에 따라 꺾여지는 크기와 순서 즉, 굴절되는 정도가 다르게 나타납니다. 그래서 일곱 가지 색의 띠 모양으로 나타나게 되는 것입니다.

우리 나라의 위치와 기후

우리 나라는 북위 33~43도 사이의 중위도에 위치합니다. 또한 아시아 대륙의 동쪽에 있는 반도이므로 대륙과 해양의 영향을 동시에 받지요. 따라서 계절풍과 중위도 편서풍의 영향을 받아 대기의 활동이 활발하고, 날씨 변화는 서쪽에서 동쪽으로 진행되는 것입니다.

용어 쏙 과학 쑥

프리즘 : 빛의 분산이나 굴절 따위를 일으키는 데 쓰는 유리 또는 수정의 삼각 기둥을 말합니다.
편서풍 : 극지방을 중심으로 서쪽에서 동쪽으로 약간 쏠려 부는 바람을 말합니다.

고기압! 저기압!

일기 예보를 들어 보면, 고기압과 저기압이란 말이 자주 나옵니다.
고기압과 저기압은 무엇을 말할까요?

아참! 내일 소풍 가는데 오늘처럼 비가 오려나?

내일은 고기압의 영향을 받겠습니다. 그럼, 일기 예보를 마치겠습니다.

윽! 벌써 끝났네. 그럼 내일 날씨가 맑다는 거야? 흐리다는 거야?

내일은 고기압의 영향을 받는다고 했으니 맑을 거다.

그런데 고기압, 저기압이 뭐예요?

그건 말이지,

어느 지역의 기압이 주위보다 높으면 고기압이라 하고, 이 때의 날씨는 대체로 맑단다.

반대로 주위보다 기압이 낮으면 저기압이라 하고, 이 때의 날씨는 흐리거나 비가 온단다.

그래서 오늘은 저기압의 영향으로 비가 오는 거군요.

와~, 오늘 날씨 정말 좋다.

다음날

바람은 왜 불지?

기압의 크기는 공기의 성질에 따라 달라집니다. 일반적으로 따뜻한 공기가 있는 쪽은 공기의 밀도가 작아져서 가벼워지므로 기압이 작아지는데 이것을 저기압이라고 합니다. 찬공기가 있는 쪽은 밀도가 커져서 무거워지므로 기압도 커집니다. 이것을 고기압이라고 하죠.

공기의 일부가 지표면에서 따뜻해지면 가벼워져서 상승하게 되고, 상승한 공기가 온도가 내려가면 무거워져서 다시 지표면으로 내려오게 됩니다. 이와 같이 온도의 변화에 따라 기압이 변함으로써 대류 현상이 나타나며 이 때 공기의 움직임을 바람이라고 합니다.

한편 기압차가 클수록 바람은 세게 분답니다.

계절풍

공기의 대류 중에 규모가 크고 계절에 따라 방향이 바뀌면서 일어나는 바람을 말하며, 해풍과 육풍이 생기는 것과 같은 원리로 생겨납니다. 그래서 여름에는 바다에서 온도가 높고 습기가 많은 바람이 불긴 하지만 이는 온도차가 적기 때문에 바람이 약한 거죠. 반대로 겨울에는 온도차가 많으므로 습기가 적은 바람이 강하게 부는 거랍니다.

대륙과 바다의 온도차는 겨울에 크고 여름에 적어요. 그 이유는 일조량이 작은 겨울에는 바다가 데워지기 어렵기 때문이죠. 그래서 여름에 바다 물에 들어가면 많이 차갑지 않아서 놀기가 좋은 거겠지요?

쾨펜

독일의 기상학자로 식물 분포와 기후 관계에 흥미를 가졌지요. 쾨펜은 식물 분포에 따라 세계의 기후를 11개 기후형으로 구분하였답니다.

대류 : 열로 인해 기체와 액체 등이 아래위로 뒤바뀌면서 움직이는 현상을 말합니다.

왜 아침 안개가 낀 날은 날씨가 맑을까?

이른 아침에 안개가 끼어 있는 날은 날씨가 맑다고 합니다.
왜 아침에 안개가 낀 날은 날씨가 맑을까요?

안개는 왜 생길까?

안개는 주로 늦가을과 초겨울에 많이 생기는데 그 이유는 바로 이 때가 낮과 밤의 기온차가 가장 크기 때문이에요. 지표면은 해가 진 때부터 식기 시작해서 다음날 해 뜨기 전까지 계속 차가워집니다. 그러면 땅 근처의 공기층 역시 차가워지기 시작하죠. 그러다 새벽녘에 기온이 이슬점 이하로 내려가면 공기층에 있던 수증기들이 서로 응결하여 물방울이 되고 우리 눈엔 하얗게 보이게 되는데 이것이 바로 안개랍니다. 만일 수증기들이 높은 데서 응결하면 그건 구름이 됩니다.

아침에 안개 낀 날 날씨가 맑은 건 왜일까?

밤사이 구름이 없는 맑은 하늘이면 지표면의 열이 방출되어 지구 표면이 차갑게 식어 공기도 식게 된다. 그 때 수증기가 응결되어 작은 물방울이 되는데, 해가 뜨면 지표면이 열을 받아 온도가 올라가면서 공기의 온도도 따라서 높아져 응결해 있던 작은 물방울들이 증발해 공기 중으로 사라집니다. 안개가 걷히면 구름이 없는 맑은 하늘이 드러나 안개가 아침에 낀 날은 하늘이 아주 파랗고 맑은 날씨가 된답니다.

스모그(SMOG) 현상

연기(SMOKE)와 안개(FOG)의 합성어로 안개가 끼어 있는 대기가 공장이나 건물의 굴뚝에서 나오는 연기 혹은 자동차의 배기가스와 같은 오염 물질과 합쳐져서 하늘이 뿌옇게 보이는 현상을 말합니다.
햇빛이 강하고 바람이 약한 날에 주로 발생하며 사람에겐 호흡기 질환을 발생시키고, 식물의 잎이 마르거나 열매가 열리지 않는 등 식물의 생장을 방해합니다.

용어 쏙 과학 쏙

이슬점 : 공기 중에서 물체를 서서히 냉각시키면 그 둘레의 공기의 온도도 함께 내려갑니다. 이 때 공기 중의 수증기가 응결하여 물체의 표면에 물방울인 이슬이 생길 때의 온도를 이슬점이라고 합니다.

폼페이는 왜 사라졌을까?

이탈리아 나폴리 근처의 땅 밑에서는 옛 로마 시대에 번성했던 도시인 폼페이의 유물이 자주 발견되고 있습니다. 폼페이는 왜 사라지게 된 걸까요?

화산에 대해 알아보아요

화산은 땅 속 깊이 있는 마그마와 가스 등이 지각의 약한 부분의 구멍이나 틈을 통해 분출하여 만들어진 지형을 말해요. 화산 작용이란 고온의 마그마가 지구의 안과 밖에서 일으키는 모든 현상을 포함하는 말이에요. 용암의 분출이나 지각의 변동, 화산성 지진 등이 이에 속하죠. 폼페이처럼 도시가 사라지거나 제주도처럼 없었던 땅이 바다 위로 솟아오르는 일들이 이러한 화산 활동에 의한 거랍니다.

살아있는 화산, 죽어있는 화산?

화산에는 현재 활동하고 있는 활화산, 역사상에 활동한 기록은 있으나 현재 쉬고 있는 휴화산, 그리고 이제는 활동을 멈춘 사화산 등이 있지요. 화산은 주로 다른 화산 부근에 생겨나는 일이 많답니다.

화산은 용암이나 가스, 암괴, 화산회 등을 밖으로 내뿜는 작용을 하다가 얼마간의 시간이 지나면 점점 쇠약해지고 그 활동을 중지하죠. 화산 활동이 멈출 무렵 화산 꼭대기에는 독특한 지형인 칼데라가 생기는 일이 많습니다.

분화구는 뭐고, 칼데라는 뭐예요?

대부분의 화산 정상부에는 가스, 화산재, 용암 등을 분출한 깔대기 모양의 장소가 생기는데 이를 분화구라고 해요. 그런데 일부 종류의 화산에는 분화구가 아닌 거대한 분지가 발달하게 되죠. 이것이 바로 칼데라랍니다. 오레곤 주의 크레이터 호가 대표적으로, 이는 6,600년 전의 거대한 화산 쇄설물의 분출 후에 만들어진 직경 8km에 달하는 원형의 칼데라예요. 이 화산은 '마지마 산' 이라 불리는 화산 폭발로 생성된 것이죠.

크레이터 호와 그 주변 미국과 캐나다 지역 곳곳에는 아직도 그 때 분출한 화산 쇄설물이 남아 있다고 합니다.

> **용어 쏙 과학 쏙**
> 화산 쇄설물 : 화산의 폭팔에 의해 방출된 크고 작은 암석의 파편으로, 크기에 따라 분석, 화산자갈, 화산모래, 화산재, 화산진 등으로 나뉩니다.

화산 주변에는 어떤 지형이 생길까?

화산 주변에는 여러 형태의 지형이 생깁니다.
어떤 지형이 있을까요?

화산이 분출하면 뭐가 나올까?

화산이 분출하면 화산가스, 용암 그리고 화산이 폭발하면서 암석의 크고 작은 파편인 화산 쇄설물 등이 나온답니다. 이것은 크기에 따라 분석, 화산자갈, 화산모래, 화산재, 화산진 등으로 나누어져요.

화산지대에 사는 사람들은 화산을 어떻게 활용하나?

화산 활동은 그 자체로 하나의 관광 자원이 되기도 해요. 그리고 화산의 분출물로 여러 가지 물건을 만들어 판매하기도 하죠. 제주도의 돌하르방도 그러한 상품 중의 한 가지랍니다.

또 화산 폭발로 인해 생기는 지열을 이용하여 전기 등을 만들어 내기도 하고, 건축에 쓰이는 돌이나 황 등의 자원을 얻기도 한답니다. 또한 화산 근처의 땅 속에 있는 뜨거운 마그마에 의해 지하수가 데워져서 온천이 생겨나기도 하죠.

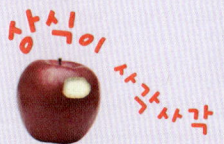

이웃나라 일본의 화산과 지진

섬나라 일본은 환태평양 조산대의 일부에 속하지요.
지질학적으로 조산 운동, 다시 말해 화산이나 지진이 자주 일어나고 해안선 높이의 변화 등으로 인해 산지가 많은 특성을 보입니다. 국토의 기반암이 불안정하여 이처럼 화산 폭발이나 지진 등이 자주 일어난다고 해요.
후지 산은 1707년 폭발한 적이 있는 휴화산이고, 아사마 산과 사쿠라지마 산은 잘 알려진 활화산이에요. 각지에 온천이 많은 것도 화산의 발달과 관계가 많죠. 참, 규슈에 있는 아소 산의 칼데라는 세계 최대 규모랍니다.

조산 운동 : 지구상의 어떤 지역에 큰 규모의 습곡이나 단층이 생겨 산맥을 이루는 지각 변동을 말합니다.

131

암석을 채집하려면?

자연적으로 암석이 드러나 있는 곳에서는 다양한 암석을 채집할 수 있습니다.
암석을 채집하기에 적당한 장소와 필요한 도구는 무엇일까요?

암석에는 어떤 것들이?

암석은 퇴적 작용에 의해 생기는 퇴적암, 마그마에 의해 생기는 화성암, 그리고 퇴적암과 화성암이 고온이나 압력에 의해 변성되어 생성되는 변성암 등으로 나누어지죠.

화산 활동으로 생겨난 암석

용암이 지표면을 따라 흐르다가 식어서 굳어지면 암석이 되는데 이렇게 하여 만들어진 암석을 화산암이라고 해요. 여기에는 현무암, 유문암, 안산암 등이 포함됩니다. 또 마그마가 지표면까지 나오지 못하고 땅 속 깊은 곳에서 굳어져 암석이 되는 것을 심성암이라고 하는데 여기엔 화강암, 반려암, 섬록암 등이 있습니다.

암석은 우리 생활에 어떻게 이용되나?

사람들은 아주 오래 전부터 광물이나 암석을 이용하였어요. 석기 시대에는 돌을 깨뜨리거나 갈아서 사냥을 하고 물고기를 잡는 도구로 사용하였고, 청동기 시대에는 반달 모양의 돌칼처럼 수확을 하는 도구로 사용하기도 했죠. 또한 고인돌, 선돌 등 무덤이나 경계의 표시로 사용되기도 했어요.
요즘에도 조각품이나 건축물의 재료로 사용하기도 하고, 무기나 장신구, 생활에 편리한 도구나 기계를 만드는 등 다양하게 쓰이고 있답니다.

용어 쏙 과학 쏙

퇴적 작용 : 암석의 부스러기나 생물의 찌꺼기 따위가 물, 빙하, 바람의 작용으로 운반되어 어떤 곳에 쌓이는 것을 말합니다.

태양도 자전할까?

태양계의 중심에 있는 태양은 움직일까요?
아니면 움직이지 않고 제자리에 그냥 있는 것일까요?

태양의 흑점으로 자전함을 알 수 있다

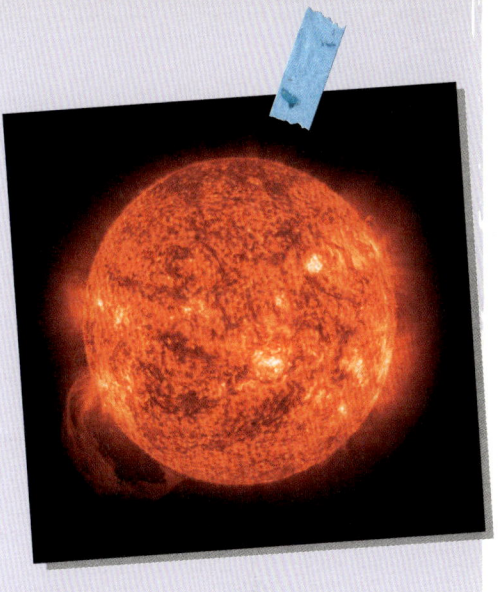

태양 표면의 흑점을 일정 시간 간격으로 관측해 보면 동에서 서로 이동하는 모습에서 태양도 지구처럼 자전한다는 것을 알 수 있어요. 대략 27일에 한 번씩 자전을 하는데 흥미로운 사실은 자전 속도가 태양의 적도에서는 빠르고 양극 지역으로 갈수록 느려진다는 점입니다.

만약 태양이 지구처럼 무거운 암석으로 구성되어 있다면 어디서나 자전 속도가 일정할 것입니다. 이것으로 태양이 가벼운 기체로 구성되어 있다는 사실을 알 수 있죠. 한 가지 더, 태양은 지구와 마찬가지로 시계 반대 방향으로 자전을 하고 있답니다.

태양계의 다른 행성들도 자전을 할까?

지구뿐만 아니라 다른 태양계 행성들도 자전과 공전을 함께 합니다. 행성들마다 크기와 구성 물질, 그리고 태양으로부터의 거리가 각각 다르기 때문에 자전과 공전 주기가 서로 다릅니다. 화성이 약 24시간 37분으로 지구와 가장 비슷한 자전 주기를 가지고 있고, 목성이 약 10시간으로 지구보다 빠릅니다. 가장 긴 자전 주기를 가진 행성은 금성으로 한 바퀴 도는 데 무려 243일이 걸린다고 합니다.

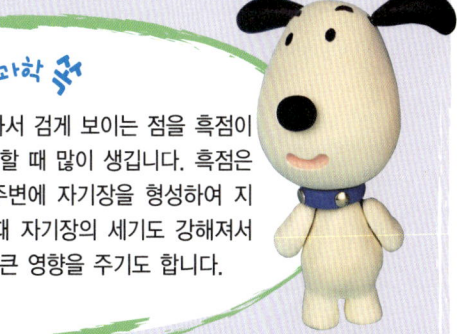

> **흑점** : 주변보다 온도가 낮아서 검게 보이는 점을 흑점이라고 하며 태양 활동이 활발할 때 많이 생깁니다. 흑점은 온도가 낮을 뿐만 아니라 주변에 자기장을 형성하여 지구에 영향을 준답니다. 그 때 자기장의 세기도 강해져서 자기 폭풍을 일으켜 지구에 큰 영향을 주기도 합니다.

자기 폭풍

지구도 하나의 커다란 자석이라는 말을 들어본 적이 있을 거예요. 그래서 자석 주변에 자기장이 생기는 것처럼 지구에도 자기장이 생긴답니다. 이 지구 자기는 규칙적으로 조금씩 변하는데 갑작스럽게 불규칙적인 큰 변화가 몇 초에서 몇 분간 지구 전체에서 일어나는 현상을 '자기 폭풍'이라고 해요. 자기 폭풍이 일어나면 TV나 라디오, 무전기 등 통신에 혼란을 주고, 심하면 통신이 두절되기도 하지요. 이러한 통신 장애를 '델린저 현상'이라고 합니다. 또 극지방에서 일어나는 오로라 현상을 중위도 지방에서 일어나게 하기도 합니다. 이런 자기 폭풍은 주로 태양 흑점 수의 변화와 관계가 깊습니다.

태양계 행성의 이름은 어떻게 붙였을까?

태양계에는 수성, 금성, 지구, 화성, 목성, 토성, 천왕성, 해왕성, 명왕성의 9개 행성이 있습니다. 이 행성들의 이름은 어떻게 붙여졌을까요?

태양계 안엔 누가누가 있을까?

태양계는 태양을 중심으로 수성, 금성, 지구, 화성, 목성, 토성, 천왕성, 해왕성, 명왕성으로 구성되어 있어요. 그리고 각 행성에는 행성 주위를 도는 위성이 있고, 그 외에도 소행성과 혜성이 있습니다. 태양에서 가장 멀리 떨어져 있는 명왕성까지의 거리는 약 60억km라고 해요. 그리고 태양계 내의 모든 천체는 태양의 주위를 하늘의 북극에서 볼 때 시계 반대 방향으로 공전하고 있답니다.

행성도 편이 나뉜대!

행성에는 지구형 행성인 수성, 금성, 지구, 화성이 있어요. 모두 밀도가 크며, 크기는 작다는 특징이 있지요. 목성형 행성인 목성, 토성, 천왕성, 해왕성은 질량이 크고 평균 밀도는 작은 편이며, 많은 위성과 고리를 가지고 있습니다. 크기도 지구형 행성에 비해 10배 이상 크고 모두 지구형 행성보다 태양에서 먼 곳에 분포합니다. 명왕성은 지구형 행성으로 보기도 하는데 워낙 작은 행성이고 태양으로부터의 거리도 너무 멀어서 어느 쪽에도 속하지 않는, 아직은 더 연구해야 하는 행성이랍니다.

행성들의 특징을 알아볼까요?

태양에서 가장 가까운 수성은 온도가 상당히 높습니다. 금성은 지구에서 가장 밝게 보이는 행성으로 크기와 질량이 지구와 거의 비슷하죠. 태양계에서 가장 큰 목성은 표면이 기체로 되어 있으며 빠른 속도로 자전을 하므로 표면에 줄무늬가 나타납니다. 토성도 목성처럼 표면이 기체로 되어 있고, 아름다운 고리가 있습니다.
천왕성은 지구와 반대로 동쪽에서 서쪽으로 도는데 이 천왕성에도 고리가 있어요.
해왕성은 천왕성과 함께 푸른색으로 보이는 행성으로 8개의 위성이 발견되었어요. 지구의 1/1000 정도밖에 안 되는 작은 명왕성은 태양으로부터 가장 멀리 떨어진 행성이랍니다.

> **용어 쏙 과학 쏙**
> 혜성 : 행성이나 소행성과 함께 태양 둘레를 타원 또는 포물선 궤도를 그리며 도는 천체. 긴 꼬리를 갖고 있어 '꼬리별'이라고도 합니다.

인공위성은 왜 떨어지지 않을까?

인공위성은 달과 같이 지구 둘레를 돌고 있습니다.
인공위성은 어떻게 떨어지지 않고 지구 둘레를 돌 수 있을까요?

과학이 몰랑말랑

지구는 공전하고 있다!

아주 오랜 세월 동안 사람들은 지구가 우주의 중심이라고 믿었답니다. 지구는 움직이지 않고 태양이나 그 밖의 행성들이 지구를 돈다고 생각했지요. 하지만 1543년 코페르니쿠스에 의해, 지구도 자전하면서 태양 주위를 공전하는 하나의 행성이라는 태양 중심설이 처음으로 나오게 되었어요.

달은 어떻게 움직이고 있을까?

달은 지구에서 가장 가까운 별이에요. 지구를 도는 유일한 위성이지요. 달은 스스로 빛을 내지 못하고 태양의 광선을 받아 빛나고 있어요. 그래서 태양, 지구, 달의 위치에 따라 달의 모습이 바뀌는 것이랍니다.

예를 들어 지구, 달, 태양이 순서대로 놓일 때는 지구에서 보면 달의 뒷면만 햇빛을 받기 때문에 달이 잘 보이지 않아요. 그러나 태양, 지구, 달이라는 순서로 놓이면 햇빛을 받는 부분이 모두 보여 보름달이 되는 것이지요. 또 태양, 지구, 달의 위치에 따라 초승달, 상현달, 하현달, 그믐달이 생기는 것이랍니다.

상식이 사각사각

지동설은 누가 누가 말했나?

지동설은 코페르니쿠스에 의해 처음 주장되었고, 그 후 갈릴레이가 자신이 만든 망원경으로 금성과 목성을 관찰하면서 지동설을 지지했어요. 그 때문에 종교 재판까지 받았지요. 그 후 케플러와 뉴턴에 이르러 지동설은 확실한 이론으로 세워지게 됩니다.

용어 쏙 과학 쏙

상현달 : 달의 오른쪽 반원 부분이 빛나는 모양으로 낮 12시에 동쪽 하늘에 떴다가 밤 12시에 서쪽 하늘로 집니다.

하현달 : 달의 왼쪽 반원 부분이 빛나는 모양으로 밤 12시에 동쪽 하늘에 떴다가 낮 12시에 서쪽 하늘로 집니다.

메기는 지진이 일어날 것을 어떻게 미리 알까?

대부분의 동물들은 지진이 일어날 것을 사람보다 먼저 안다고 합니다.
메기도 지진이 일어날 것을 미리 안다고 하는데 어떻게 아는 걸까요?

공과 같이 탄력 있는 지구

땅이 흔들리는 것을 지진이라고 해요. 지구는 단단한 것 같지만, 실제로는 공과 같이 탄력이 있는 물체랍니다. 이 때문에 충격을 받으면 부서지거나 뒤틀리는 일이 생기는 거죠.

실제 땅 속 어느 한 지점이 깨지거나 뒤틀리게 되면 진동이 일어나고 그 흔들림이 다른 곳으로 퍼져 나가게 됩니다. 이 진동을 지진파라고 부르죠. 메기가 지진을 미리 알아 낸 것도 수염으로 지진파를 감지했기 때문이겠죠?

지진은 왜 일어날까요?

지진은 마그마의 운동이나 화산 활동과 관련되어 일어나기도 하고, 2개 이상의 지각판의 상호 작용, 즉 지층이 휘어지거나, 끊어지는 것 혹은 서로 어긋나는 것에 의해 생깁니다.

이처럼 자연적인 지진 외에 인공 지진도 있습니다. 바로 화약의 폭발이나 무거운 물체가 떨어져 그 충격으로 인해 일어나는 지진을 말합니다.

서울시민 안전체험관 (http://safe119.seoul.go.kr)

서울 어린이 대공원 정문 옆에 위치해 있습니다. 이 곳에서는 화재나 지진, 풍수해 등 각종 재난 상황을 가상으로 설정하여 일반 시민들이 직접 체험하면서 안전 교육을 받을 수 있습니다. 안전의 생활화를 위하여 각종 사고의 위험성을 예방하고 대처하는 방법을 배워볼 수 있는 곳이랍니다.

> **용어 쏙 과학 쏙**
>
> **진도** : 지진의 세기를 표시하는 것을 진도라고 합니다. 우리 나라는 1~12까지 12등급으로 구분하는데 숫자가 클수록 피해가 심한 강한 지진을 말합니다.

석탄도 암석일까?

석탄은 불을 붙이면 불꽃을 내면서 잘 탑니다.
이처럼 불에 잘 타는 석탄도 암석에 속하는 걸까요?

석탄이 뭐죠?

석탄은 지질 시대의 식물이 땅 속에 쌓여서 가라앉은 후, 오랜 시간 열과 힘(압력)을 받아 변하여 생겨난 흑갈색의 타는 암석을 말합니다. 다시 말하면, 습한 기후에서 나무가 지각 변동에 의해 땅 속에 갇혀 있다가 만들어진 것이 바로 석탄이라고 할 수 있습니다.

암석, 그것이 알고 싶다!

암석을 만들어지는 과정에 의해 나누어 보면 크게 세 가지로 나눌 수 있습니다. 먼저, 뜨거운 마그마가 식어서 굳어진 암석인 현무암, 화강암 같은 화성암이 있습니다. 둘째로 자갈, 모래, 진흙 등이 바다나 호수 밑에 쌓인 후 굳어져서 생긴 퇴적암이 있습니다. 퇴적암에는 역암, 사암, 이암, 석회암 등이 있죠.
마지막으로 화성암이나 퇴적암이 지하 깊은 곳에서 높은 열과 힘을 받아서 변한 변성암이 있습니다. 규암, 편마암, 대리암 같은 것들이 이에 속합니다.

암석은 어떻게 이용되나요?

단단하고 열에 강한 현무암은 맷돌, 주춧돌, 돌하르방 등을 만드는 데 주로 쓰입니다. 화강암은 열과 화학 변화에 강하고 단단하며, 갈면 윤이 나서 축대, 비석, 석탑, 건축 재료 등으로 쓰입니다.
또한 변성암에 속하는 편마암은 검고 흰 줄무늬가 아름다워 정원석 등으로 많이 쓰입니다. 대리암은 색깔이 고와서 고급 장식용 건축재나 조각 작품 등으로 쓰입니다.

지각 : 우리가 살고 있는 지구의 껍데기를 지각이라고 합니다.
암석 : 지구의 지각과 상부 맨틀을 이루고 있는 물질을 말합니다. 암석은 여러 종류의 광물 결정입자가 무수히 모여 이루어진 광물의 집합체입니다.

일기 예보는 우리 생활에 어떻게 이용될까?

일기 예보를 이용하면 기온에 따라 알맞게 옷을 입어 건강을 지킬 수 있습니다.
그 밖에 일기 예보는 어떤 곳에 이용될까요?

일기 예보는 어떻게 이용될까?

다음 날 야외로 소풍을 가거나 운동회를 한다면 한번쯤 일기 예보를 주의 깊게 본 기억이 있을 거예요. 평소에도 생활의 계획을 일기 예보를 보고 세울 만큼 일기 예보는 우리 생활에 깊은 연관을 가지고 있답니다.

위에서 말한 경우 외에도 운동 경기를 할 때나 이사를 할 때, 또 등산이나 여행을 갈 때도 일기 예보가 유용하게 이용되지요. 냉난방 용품점, 공사장 등에서도 일기 예보가 아주 중요하답니다. 또한 농업이나 어업을 하시는 분들도 일기 예보가 꼭 필요합니다. 태풍, 홍수 등의 피해를 줄이고, 가뭄에 대한 대비를 할 수 있기 때문이죠. 또 갑작스럽게 오는 추위, 냉해로부터 농작물을 보호할 수 있어요.

이 외에도 많은 비가 오거나 폭풍이 심할 때 항해하는 선박을 대피시켜 피해를 줄이거나 태풍, 눈, 안개 등으로 항공기 이륙과 착륙이 위험할 때는 항공기 운항을 통제하여 피해를 막기도 합니다.

기상청(http://www.kma.go.kr)

기상청 홈페이지에 들어가면 날씨에 대한 정보는 물론 '재미있는 어린이 기상교실'을 만날 수 있습니다. 이 곳에는 사이버 체험장, 날씨 체험 캠프 등 풍부한 정보를 담고 있습니다.

세계 최초의 강우량 측정 기구, 측우기

조선 세종대왕 23년, 세계에서 최초로 빗물을 그릇에 받아 재어 정확한 값을 측정할 수 있는 측우기가 발명되었습니다. 농업 국가였던 조선 시대에 비의 양을 정확하게 측정할 수 있는 측우기의 발명은 생활에 큰 도움이 되었답니다.

> **용어 쏙 과학 쏙**
> 태풍 : 중심 최대풍속이 17m/s 이상의 폭풍우를 동반하는 열대저기압으로 북태평양 남서부에서 발생하여 아시아 동부로 불어옵니다.

땅 속에 묻힌 쓰레기가 썩는 데 걸리는 시간은?

우리가 매일 쉽게 버리고 있는 쓰레기가 땅 속에 묻혀 완전히 썩는 데까지는 얼마나 오랜 시간이 걸릴까요?

이렇게 오랜 시간이??

146쪽 만화에서 말한 것들 외에 다른 쓰레기가 썩는 데 걸리는 시간을 조금 더 알아 볼까요?

우리가 쉽게 쓰고 버리는 종이는 2~5개월 정도 걸리고, 우유팩은 5년, 비닐은 30년, 플라스틱은 50~80년이 걸린다고 합니다. 알루미늄 캔은 80~100년이 걸리며, 심지어 유리병이 썩는 데 걸리는 시간은 100만 년이나 된다고 해요.

분리할 건 분리해야 지구가 산다!

이렇게 쓰레기가 썩는 데 오랜 시간이 걸린다니 정말 놀랍지 않은가요? 우리가 무수히 쓰고 버리는 이런 쓰레기가 땅 속에 들어가서 썩지 않고 토양을 오염시킨다고 하니 쓰레기 때문에 지구가 죽어 가는 건 아닐까요?

토양의 오염을 줄이고 지구를 깨끗하게 지키고 살리기 위해서 먼저, 쓰레기를 분리하여 버리는 것이 중요합니다. 타지 않고 썩지 않는 쓰레기를 분리하여 버리고, 이렇게 분리된 쓰레기는 재활용하는 지혜가 필요합니다.

재활용 제대로 알고 하자.

재활용이 가능한 품목들에는 다음과 같은 것들이 있어요.
- 종이류 : 신문지, 책, 노트, 복사지, 종이팩, 달력, 포장지, 종이컵, 우유팩, 종이 상자류 (과자나 과일 상자 등)
- 병류 : 음료수병, 주류병
- 고철류 : 철사, 쇠붙이, 알루미늄, 스테인리스 등
- 의류 : 내의 등 면제품류, 양복 등 순모 제품류, 잠바 등 합성 섬유류
- 플라스틱류 : 음료수류 병, 식용유 병, 요쿠르트 병, 샴푸·세제 용기류, 물통 등
- 이 밖에 건전지는 중금속이 들어 있으므로 분리해야 하고, 부탄가스, 살충제 용기 등은 폭발 가능성이 있으므로 구멍을 내서 버려야 합니다.

> **용어 쏙 과학 쏙**
> 중금속 : 금, 은, 구리, 수은, 납, 철, 니켈 등과 같이 무거운 금속을 말합니다.

쓰레기를 줄이는 방법은?

쓰레기를 줄이면 환경 오염도 막고 경제적으로도 큰 효과를 볼 수 있습니다.
우리 주변의 쓰레기를 줄일 수 있는 방법에는 무엇이 있을까요?

한 사람이 1년 동안 버리는 쓰레기 평균량은?

한 사람이 1년 동안 무려 병 107개, 음료수 캔 90개, 플라스틱류 45kg, 나무 22그루에 해당하는 종이를 버리고 있다고 합니다.

그 많은 쓰레기에서 지구를 구하려면 어떻게 해야 할까요?

먼저 집에서 나오는 쓰레기를 줄여야겠죠. 앞의 만화에서 말한 방법들이 모두 우리가 실천할 수 있는 방법들이에요.

음식은 남기지 않는 것이 좋아요. 또 나무 젓가락이나 종이컵, 빨대 등 우리가 쉽게 사용하는 일회용품들도 가능하다면 사용하지 않는 것이 좋겠죠. 종이의 뒷면을 다시 쓴다든지, 내 물건들, 옷이나 장난감, 책 같은 것을 다른 사람에게 나누어 주어 다시 쓰는 것도 우리가 실천할 수 있는 일들이랍니다. 요즘 많이 나오는 리필 제품의 사용도 좋은 방법이지요.

일단 쓰레기가 생기면 음식물은 음식물대로 분리하여 버리고, 또 재활용 가능한 물건을 분리해서 버리는 것도 아주 좋은 실천 방법이겠죠.

음식물 쓰레기의 자원화

음식물 쓰레기는 생활 폐기물의 1/3을 차지합니다. 음식물은 물기를 많이 포함하고 있어서 태우는 데 어려움이 있습니다.

이런 음식물 쓰레기를 기계나 미생물 등을 이용해 퇴비, 사료, 연료 가스 등으로 활용하는데 이를 음식물 쓰레기의 자원화라고 합니다.

용어 쏙 과학 쏙

리필 제품 : 다 쓴 용기에 다시 채워 쓸 수 있도록 내용물만 간단하게 포장한 제품을 말합니다. 샴푸, 세제, 화장품 등 다양한 상품이 나와 있습니다.

149

왜 해가 진 후에도 얼마 동안은 하늘이 환할까?

해가 진 후에도 얼마 동안은 하늘이 환합니다.
왜 그럴까요?

계절에 따라 달라져요.

사계절이 있는 우리 나라에서 1년 동안 월 평균 기온이 가장 높은 달은 여름인 8월이며, 가장 낮은 달은 겨울인 1월입니다. 봄부터 기온이 차차 높아져서 여름에 가장 높고, 다시 기온이 차차 낮아져서 겨울에 기온이 가장 낮습니다.

겨울에는 해가 늦게 뜨고 일찍 집니다. 그러다 봄이 되면서 점점 해가 일찍 뜨고 늦게 지며, 여름에 가장 일찍 뜨고 가장 늦게 집니다.

태양의 고도와 그림자의 길이

태양의 고도는 햇빛과 지표면이 이루는 각을 말해요. 하룻동안 태양의 고도는 점점 높아지다가 낮 12경에 가장 높고 다시 점점 낮아집니다. 태양의 고도가 높아짐에 따라 그림자의 길이는 점점 짧아지는데, 낮 12시경에 그림자의 길이가 가장 짧습니다.

'박명'에 대해 더 알아볼까요?

박명은 해 뜨기 전과 해가 진 후에 하늘이 잠시 동안 희미하게 밝은 상태를 말합니다. 이는 두꺼운 대기층의 공기 분자와 떠다니는 먼지가 태양광을 산란시켜 일어나는 현상입니다. 저위도 지방에서는 박명이 지속되는 시간이 짧고, 고위도 지방에서는 깁니다. 박명이 밤 동안에도 계속 되는 현상을 백야라고 합니다.

태양의 남중고도

태양의 고도가 하루 중 가장 높을 때를 말해요. 태양이 정남쪽에 위치하며 이 때 그림자의 길이가 가장 짧습니다. 낮의 길이가 길 때 태양의 남중고도가 높으며 기온도 높습니다.
여름에 낮의 길이가 길고, 기온과 태양의 남중고도가 높아요. 겨울에는 낮의 길이가 짧고 기온과 태양의 남중고도가 낮지요.

> **용어 쏙 과학 쏙**
>
> 고위도 지방 : 위도가 높은 곳을 말합니다. 곧 남극과 북극에 가까운 곳이 고위도 지방입니다.
>
> 저위도 지방 : 낮은 위도, 곧 적도에 가까운 지역을 저위도 지방이라고 합니다.

왜 겨울에는 춥고, 여름에는 더울까?

우리 나라는 봄, 여름, 가을, 겨울 각기 기온이 다릅니다.
특별히 계절에 따라 달라지는 이유는 무엇일까요?

태양의 고도가 무엇이기에?

겨울에는 낮의 길이가 짧고 여름에는 낮의 길이가 길죠. 그러면 왜 계절에 따라 낮의 길이가 차이가 나는 걸까요? 그건 태양과 지표면이 만나는 각도, 즉 태양의 고도가 그 원인이에요. 고도가 크면 작을 때보다 같은 시간에 받는 태양 에너지의 양이 훨씬 많고 또 태양이 머무르는 시간이 길어져서 낮이 길어지게 되는 거랍니다.

그렇다면 태양의 고도가 이처럼 차이가 나는 이유는 뭘까요? 그것은 지구의 공전과 자전으로 설명할 수 있어요.

지구는 자전축이 기울어진 상태로 태양을 중심으로 공전을 합니다. 이런 상태에서 태양 주위를 돌게 되면 햇빛을 받는 면이 넓어지는 시기가 생기게 되는데 이 기간이 바로 여름입니다. 그리고 반대로 햇빛을 덜 받게 되는 시기가 겨울이 되는 것이지요. 만약 자전축이 기울어지지 않았다면 봄, 여름, 가을, 겨울은 없을 거예요. 항상 같은 양의 햇빛을 받을 테니까요.

24절기가 뭐예요?

24절기는 우리 나라 계절 변화에 따라 구분 지은 것입니다. 우리 선조들은 이 24절기에 따라 씨를 뿌리고 추수를 하며 농사를 하였다고 해요. 24절기 중 첫 번째 절기는 봄으로 접어드는 것을 알리는 입춘이고, 땅 속에서 잠을 자던 동물들이 깨어나서 꿈틀거리기 시작한다는 경칩, 여름의 더위가 조금씩 가시기 시작하는 처서, 일 년 중 낮이 가장 긴 절기인 하지, 그리고 일 년 중 밤이 가장 길다고 하는 동지 등이 있답니다.

> 자전 : 지구가 제자리에서 빙글빙글 도는 것을 지구의 자전이라고 합니다. 지구는 자전축이 23.5도 기울어진 상태로 시계 반대 방향으로 돌고 있으며, 한 바퀴를 도는 데는 약 24시간이 걸립니다. 공전은 지구가 태양을 중심으로 도는 것을 말합니다.

1기압의 무게는 얼마나 될까?

우리는 알게 모르게 항상 1기압의 압력을 받으면서 살고 있습니다.
1기압의 무게는 얼마나 될까요?

뭘 그렇게 골똘히 생각해?

우리는 매일 공기의 압력을 받고 있잖아.

그래, 우린 1기압의 압력을 받으면서 살고 있지.

그 1기압의 무게가 어느 정도일까?

글쎄……. 나도 모르겠어.

박사님께 여쭤 보자.

1기압의 무게가 어느 정도인지 궁금하다고?

네! 궁금해요!

1기압의 무게는 80kg의 쌀 한 가마보다도 더 무거운 100kg의 무게가 누르는 것과 같단다.

들어 올리기도 힘든 무게가 누르는 거네요.

하하하!

기압으로 인해 일어나는 현상

지구를 둘러싸고 있는 공기가 누르는 힘이 있는데, 우리는 이것을 기압이라고 합니다. 이와 같이 공기가 누르는 힘이 있다는 것은 바로 공기도 무게가 있다는 말이 됩니다. 그렇다면, 공기의 무게는 얼마나 될까요? 눈에 보이지도 않고, 손으로 잡을 수도 없는 공기의 무게는 $1cm^2$의 면적에 $1kg$의 힘으로 누르는 것보다도 크다고 합니다.

산에 올라가면 왜 귀가 멍멍해질까요?

높은 산에 올라갈 때, 열차를 타고 터널 속을 빠르게 통과할 때, 고속 엘리베이터를 탈 때, 그리고 비행기가 이륙하거나 착륙할 때 갑작스럽게 귀가 아프거나 멍할 때가 있지요? 그 이유는 무엇일까요? 그것은 우리 몸을 누르는 공기의 압력, 즉 기압이 작아졌기 때문입니다.
우리 몸은 1기압(보통 공기의 기압)에 익숙해져 있습니다. 특히 우리 귀, 코와 입은 유스타키오 관으로 연결되어 있는데, 기압이 갑자기 낮아지면서 유스타키오 관을 압박하게 되어, 귀가 멍해지거나 아픈 것을 느끼게 되는 것이랍니다.

기압계

기압을 측정하는 기구로, 옛날에는 날씨의 징조를 알려 주는 기구라는 뜻으로 청우계라고 부르기도 했습니다. 영어로는 바로미터(barometer)라고 합니다. 이것은 라틴어로 무게를 뜻하는 바로스에서 유래되었는데, 공기에도 무게가 있다는 의미로 1685년에 영국의 과학자인 보일이 붙인 이름입니다.
한편 1819년에는 독일의 브란데스가 유럽 각지의 기압 관측 자료를 모아 처음으로 등압선을 그렸으며, 이에 따라 기상에는 고기압이나 저기압과 같은 구조가 있음을 알게 되었고, 이것이 오늘날 일기도에 의한 일기 예보 방식으로 발전하였습니다.

대기압 : 대기의 압력을 말합니다.
등압선 : 기압이 같은 곳을 연결한 선을 말합니다.
고기압 : 주변보다 기압이 높은 것을 말합니다.

에스키모의 얼음집은 춥지 않을까?

에스키모들은 얼음과 눈으로 둥글게 만든 '이글루'라는 곳에서 삽니다.
추운 날씨에 집까지 얼음으로 지었는데 춥지 않을까요?

이글루, 어떻게 지을까?

지름 5m 크기의 10인용 이글루는 한 사람이 2시간 정도면 다 지을 수 있다고 합니다. 이글루는 먼저, 잘 얼은 눈 덩어리들을 상자 모양으로 자른 뒤, 달팽이 모양으로 쌓아 올려 나선형의 벽을 만들고, 그 위에 돔 형태의 지붕을 올리는 순서로 짓습니다. 이 때 눈을 잘라 낸 우묵한 자리가 그대로 집의 바닥이 됩니다.

집이 대충 완성되면 우선 실내를 막은 뒤 램프를 켜서 실내 온도를 높입니다. 실내 온도가 높아지면 눈 벽돌이 녹기 시작하는데, 녹은 눈은 바닥으로 떨어지지 않고 눈 벽돌에 흡수된답니다.

그런 후에, 이글루 안에 차가운 바람이 들어가도록 하면, 이글루 안의 온도가 갑자기 떨어지겠지요. 그러면 녹아서 벽돌 사이에 흘러 들어갔던 물은 눈 벽돌과 함께 빈틈없이 단단한 얼음으로 변하게 되는 것이랍니다.

에스키모, 무슨 뜻일까?

에스키모는 캐나다 인디언이 '날고기를 먹는 인간' 이라는 뜻으로 붙여진 이름인데, 그들 스스로는 이누잇(인간)이라고 합니다.

에스키모는 그린란드에 약 2만5천 명, 캐나다에 약 1만1천 명, 알래스카에 약 1만7천 명, 시베리아의 베링 해 연안에 약 1,600명으로 모두 약 5만 5천 명 정도가 있습니다.

19세기 중엽 이후, 백인과의 접촉이 잦아지면서 몇 차례 전염병이 유행하여 19세기 말에는 인구가 급격하게 줄어들었습니다. 그러다 제2차 세계 대전 후 점차 사망률이 줄어들어 지금은 인구가 증가하고 있습니다.

용어 쏙 과학 쏙

영하 : 온도계가 가리키는 온도가 0℃ 이하임을 나타내는 말입니다.

사망률 : 특정한 원인으로 사망한 사람의 수와 그 원인에 관련된 전체 인원과의 비율을 말합니다.

157

재미가 솔솔~ 과학이 팡팡!

별 볼 일 있는 별별 이야기

까만 밤하늘에 보석처럼 빛나는 별들. 우주의 신비를 간직한 별들의 반짝이는 이야기 속으로 들어가 볼까요?

★ 별은 몇 개나 될까요?

안 보이는 별까지 세면 수천 억 개가 되지만, 실제로 우리 눈에 보이는 별의 숫자는 5,000~6,000개 정도. 물론 천체 망원경을 이용하면 볼 수 있는 별의 숫자는 더 많아지죠.
하지만 공기가 오염되지 않은 시골에서나 그 정도 볼 수 있을 뿐, 도시에서 볼 수 있는 별의 숫자는 그보다도 훨씬 적답니다.

★ 별도 나이가 있나요?

별도 태어나서 나이를 먹고, 늙은 뒤에는 죽지요. 붉게 빛나는 별은 나이가 든 별이고, 푸르게 빛나는 별은 젊은 별이라고 해요.
그런데 그렇게 우리 눈에 보이는 별빛은 지금은 존재하지 않는 별의 것일 수도 있답니다. 별빛이 지구에 도착하는 데 상당한 시간이 걸리기 때문이에요.

★ 별을 보고 길을 찾을 수 있나요?

밤하늘에는 언제나 똑같은 자리에 밝게 빛나는 별과 일정한 모양을 가진 별자리들이 있어요. 작은 곰자리의 북극성 역시 언제나 북쪽에 있지요.
그래서 옛날 사람들(특히 뱃사람들이나 목동들)은 아무것도 보이지 않는 칠흑 같은 어둠 속에서 북극성을 보고 방향을 알 수 있었답니다.

★ 별은 왜 반짝일까요?

별이 빛나는 것은 별의 중심에서 일어나는 핵융합 반응 때문이에요. 핵융합 반응에 의해서 많은 열이 나오는데, 그 때문에 빛을 내게 되는 것이죠. 이 빛이 지구에 다다르면 대기에 의해 산란이 일어나 반짝이는 것처럼 보여요.

그래서 보통 사람들은 별을 '★'로 그리거나 표시하지만 천문학에서는 별을 '●'로 표시하지요. 어떤 별이든 빛의 산란을 제거하면 이렇게 '●' 모양으로 보이니까요.

★ 우리말 별 이름도 있다는데요?

별	우리말 별 이름	별에 관한 설명
혜성	꼬리별	태양계 내에서 빛나는 긴 꼬리를 끌고 태양을 초점으로 긴타원이나 포물선에 가까운 궤도를 그리며 운행하는 별
유성	별똥별	태양계의 자그마한 별들로, 대기와 충돌하여 빛나는 별
항성	붙박이별	위치를 바꾸지 아니하고 별자리를 이루는 별
행성	떠돌이별	태양의 둘레를 도는 별

★ 별자리는 언제 만들어졌을까?

고대의 유목 민족, 칼데아 인들은 주로 양떼를 키웠는데, 밤마다 하늘의 별들을 보며 동물이나 그 밖의 다른 것들의 모양을 상상하기를 좋아했습니다. 그렇게 해서 만들어진 별자리가 고대 이집트 인들의 별자리와 함께 그리스에까지 전해지게 되었던 것이지요.

지금은 1922년 국제천문연맹에 의해 모두 88개의 별자리가 확정되어 있답니다.

새록새록 유익한 과학 상식 퍼즐

지구편에서 많은 것을 새롭게 알았지요?
자, 이번에는 퀴즈를 풀면서 다시 한 번 떠올려 볼까요?

세로열쇠

1. 지구가 태양을 중심으로 도는 것.
2. 지구 자기의 불규칙적인 큰 변화가 몇 초에서 몇 분간 지구 전체에서 일어나는 현상.
3. 공기가 지표면을 누르는 힘 즉, 기압이 주위보다 높은 것.
5. 태양의 (황도상의) 위치에 따라 특징지은 계절적 구분. 24절기.
6. 1543년 태양중심설을 처음으로 주장한 사람.
9. 목성처럼 표면이 기체로 되어 있고, 아름다운 고리를 가지고 있는 행성.
10. 화산 정상부에 분화구가 아닌 거대한 분지가 발달한 것.
12. 안개가 끼어 있는 대기가 공장이나 건물의 굴뚝에서 나오는 연기 혹은 자동차의 배기 가스와 같은 오염 물질과 합쳐져서 하늘이 뿌옇게 보이는 현상. 연기(SMOKE)와 안개(FOG)의 합성어.
14. 화성암의 한 가지. 용암이 지표면을 따라 흐르다가 급히 식어 굳어진 암석. 현무암, 유문암, 안산암 등이 이에 속함.
15. 지구는 행성의 하나로 자전하면서 태양 주위를 공전한다는 우주관. 태양중심설이라고도 함.

가로열쇠

2. 지구가 제자리에서 빙글빙글 도는 주기.
3. 태양의 고도가 하루 중 가장 높을 때를 태양의 남중 ○○라고 함.
4. 공기의 대류 중에 규모가 크고 계절에 따라 방향이 바뀌며 일어나는 바람.
7. 화산의 격렬한 폭발에 의해 사라진 이탈리아 캄파니아 지방에 있던 고대 도시.
8. 기압을 나타내는 국제 단위. 기호로는 hPa로 나타냄.
11. 깊은 땅 속의 암석이 높은 지열(地熱)에 녹아서 반액체 상태로 된 암석 물질. 지각 상층부나 지표로 분출하여 식어서 굳어지면 화성암이 됨.
13. 지구상의 어떤 지역에 큰 규모의 습곡이나 단층이 생겨 산맥을 이루는 지각 변동.
15. 땅이 흔들리는 것.

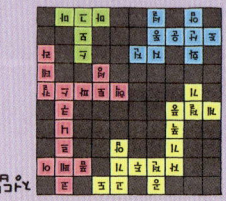